青少年 科普图书馆

世界科普巨匠经典译丛·第五辑

Ting Yilin Jianggushi

听伊林讲故事

（苏）米·伊林 著　余诗琴 编译

上海科学普及出版社

图书在版编目（CIP）数据

听伊林讲故事/（苏）米·伊林著；余诗琴编译. —上海：上海科学普及出版社，2015.1（2021.11 重印）

（世界科普巨匠经典译丛·第五辑）

ISBN 978-7-5427-6282-5

Ⅰ.①听… Ⅱ.①米…②余… Ⅲ.①科学知识—科普读物 Ⅳ.① Z228.2

中国版本图书馆 CIP 数据核字（2014）第 240981 号

责任编辑：李 蕾

世界科普巨匠经典译丛·第五辑

听伊林讲故事

（苏）米·伊林 著 余诗琴 编译

上海科学普及出版社出版发行

（上海中山北路 832 号 邮编 200070）

http://www.pspsh.com

各地新华书店经销 三河市金泰源印务有限公司印刷

开本 787×1092 1/12 印张 16.5 字数 200 000

2015 年 1 月第 1 版 2021 年 11 月第 2 次印刷

ISBN 978-7-5427-6282-5 定价：36.80 元

本书如有缺页、错装或坏损等严重质量问题
请向出版社联系调换

目录 CONTENTS

第01章 书的故事

世界上第一本书的样子	002
富商和他的活图书馆	003
记忆的助手	005
东西是会说话的	008
图画告诉我们的故事	009
失踪的考察队	012
古老的文字	015
字母的旅行	020
带子书	028
蜡板书	035
羊皮纸书	038
纸的胜利者	046
书籍的命运	055

第02章 书包里的故事

小小的铅笔头	060
练习本的复杂旅程	068
小折刀的故事	078
钢笔和羽毛的启发	085
油润珠滑的圆珠笔	091
线条均匀的中性笔	093
爱干净的橡皮擦	095
中国独有的毛笔	098

目录

第03章 时钟的故事

如果时针都停摆	102
古老的计时器	103
敲钟人	104
太阳计时器	105
脚步计时	105
印度苦行僧的故事	106
白日钟	107
夜间钟	109
牛奶做的钟	110
水钟上的刻度	111
计时器的进步	111
鸡 鸣	113
救人的水钟	113
自动钟的故事	115
童话里的钟表	117
火 钟	117
塔 钟	118
发 条	119
旋转门	120
恶作剧的钟	121
个性独特的钟	122
逆生长的钟	123
怀 表	124
指针的故事	125
会报时的表	126

目录

扎格马尔娶妻	127
两个小男孩	128
钟摆在说话	130
古代的钟表匠	131
发明机器人	133
斯特拉斯堡教堂	136
大本钟	138
令人赞叹的奇迹	139
钟表的保养	140
给表上弦	141
钟表急救	142
怎么运输时间	143
天文台	144

第04章 灯的故事

无数个爱迪生	146
屋子里的火堆	147
取代火堆的照明木片	148
火炬下的光明	149
最早的灯	150
工厂里的烟囱和灯	150
茶杯里和碗里的灯	152
烛　钟	154
数百年前的黑暗	155
白天与黑夜	156

目录 CONTENTS

第一盏路灯　　　　　　　157
烛台上的煤气厂　　　　　160
第一个煤气厂　　　　　　161
蜡烛中的公子哥　　　　　163
问题其实很简单　　　　　165
没有火的灯　　　　　　　166
复杂的灯回来了　　　　　169
俄罗斯之灯　　　　　　　169
第一盏电灯　　　　　　　170
爱迪生的发明　　　　　　171
由煤气和电而引发的战争　172
用火点燃的"电灯"　　　175
寻找不产生热的灯光　　　175
世界上最好的灯　　　　　177
从火堆到电灯　　　　　　179
产热很小的荧光灯　　　　182
五颜六色的霓虹灯　　　　185
马路的指示灯是怎么来的　187
未来的灯会是什么样子的　189

第01章

·书的故事·

在从埃及一直到俄罗斯的路上,埃及的字母走遍了整个世界!它们在希腊分开成几路,北边到了俄罗斯,西边到了意大利,经过了印度尼西亚,西藏与朝鲜,这些国家的文字几乎都是从埃及字母变化得来的。

世界上第一本书的样子

你知道世界上第一本书是什么样子吗？

现在的图书馆里能不能找到世界上的第一本书？它还存在吗？它的材质是什么？是纸质的吗？它是用笔写的还是印刷厂里印刷出来的呢？

传说中曾经有一个非常怪异的人，他辛辛苦苦地寻找着，甚至找遍了整个世界的图书馆，目的是为了寻找人类制造的第一本书。他在书堆中日夜不停地翻找，这些书都早已泛黄发霉，快要彻底腐烂掉了。他的衣服和鞋子上都蒙上了一层厚厚的灰尘，就像他经历了一场艰苦的旅行。直至有一天，他不幸从高高的书架上摔下来死掉，他的寻找活动才告结束了。其实，就算是他能再活 100 年，他也不可能找出什么来，因为世界上的第一本书早在他出生的几千年前就已经腐烂在地里面了，他能找到什么呢？

最原始的书和现在是不同的，因为它是有生命的，会说话会唱歌，它们也不可能被摆放在书架上。这些有生命的书，其实就是人。

▲《奥德赛》

在远古的时候，文字还没有出现，更别说有什么纸、墨水和笔啦，人们当然也不会读和写。那个时候，一些古老的传说、法规及部族里的信仰只有通过人们的记忆来保存。一些"有记忆"的人通过口，把他的"记忆"传过其他的人，使这些"记忆"不至于因他们的死去而消失。这些"记忆"就是通过这种方法流传下来的，因而它们也叫做"传说"。

在人们口口相传的过程中，这些"传说"就会变成别的样子了并且和原来不同了，因为每个人都会凭着自己的意思增添或者减少这些信息，经过很多时间的雕琢和打磨，很多故事到最后就完全不是它本来的样子了，比如说的是一个勇敢的部落首领，可传到了最后，那个部落首领却变成了一个勇士。

在很多民族中都存在会讲故事的人，而现在的许多地方依然存在着一些会讲故事的老人，他们所讲的那些故事，甚至在书上都没有一点的记载。《伊利亚特》和《奥德赛》这两部歌唱希腊人和特洛伊人战争史的诗，在古希腊，被人们不断地传唱着，直到文字出现后，它们才被记录了下来。

在很久以前，那些会说故事的人，一定是某个宴会上受到热烈欢迎的人。这些人常常坐在一根柱子前面，而柱子上高高地悬挂着他的七弦琴。每当宴会快结束时，大家就围绕着他，他拿起七弦琴，开始了他的歌唱活动，唱诸如奥德赛国王和骁勇善战的阿喀琉斯一类的故事。而我们现在到书店只要花十几块钱就可以把《伊利亚特》买回家，而书籍既不需要吃喝用钱，也不会生老病死，由此可见，书倒是比叙述者更加的实惠和有用了。

富商和他的活图书馆

两千多年前发生了这样一个故事。有一个古罗马的富商，他的名字是伊财尔。他家中的财产甚至可以同整个国家相比较，住在像皇宫一样的屋子里，他的屋子大到可以装下全城的人。伊财尔每天都要办宴会来邀请人参加，他们足足有三百多人，可以坐满三十张桌子。

虽然他这样多的财富让人很羡慕，但他也有不如人意的地方，就是他没有学问，连读书这样简单的事情都不会。人们表面上是很尊敬他，却总是偷偷地嘲笑他没有任何知识和文化。伊财尔希望能够改变现状，让人们能够开始真正地尊敬他。可是就算是一起吃饭，他也没有说话的份，有一次终于说了两句，结果惹得客人们哈哈大笑，这一切让他难以忍受，但他又懒得埋头看书。

但伊财尔毕意非常聪明，他很快想到了一个好主意。

他想到了自己的仆人，挑出了其中 200 个头脑聪明的，命令他们每一个都要会背一本书，比如《伊利亚特》、《奥德赛》这类的书。

这下子大家都忙碌了起来，不知道费了多少劲儿伊财尔终于让他的奴仆们背会了书。而现在，伊财尔再也不需要自己去看书了，因为他有了那些会读书的仆人，那一群仆人加在一起就像是一个移动着的图书馆一样。在以后所有宴会上，只要他动用一个眼神，就会有仆人来背诵。并且有趣的是，他还将自己的仆人重新起了名字，书是什么名字，仆人就用同样的名字。比如，负责背《奥德赛》的仆人就叫奥德赛，负责背《伊利亚特》的就叫伊利亚特，负责背《阿里特》的就叫阿里特。

人们惊讶极了，整个罗马城的人都在谈论着伊财尔的活图书馆。但是，没有过多久，人们又开始嘲笑起伊财尔来了。

有一天吃过饭，大家又开始高谈阔论，这次是有关于古人是如何举办宴会的。《伊利亚特》有这样的记载，伊财尔向管家使了个眼色。但是这次却没有人出来，管家战战兢兢地跪下说："对不起，老爷，伊利亚特今天生病了。"

这看起来的确是个非常有意思的故事吧？

现在，我们的身边有了很多书和图书馆，但我们依旧是离不开活的书。如果所有知识都可以在书中学到，那么我们就没必要上学和听老师讲课了。我们要汲取知识，做一个有用的人，但你不能所有事情都去问书吧！我们有不懂的地方，还是要向老师请教的。

不过，古时候那些活的图书馆，在今天来看可以说一无是处。

在古代，人们还不会写字的时候，如果有一个重要消息要告诉别人，就得找个人把事情全都背下来，然后跑去送信。

如果我们现在还用这种办法送信，恐怕会不可思议吧。假设有天早晨，你打开门时，门口站着一个报信人面红耳赤地像机器一样滔滔不绝向你报信，你是不是会觉得很惊讶呢？

记忆的助手

我认识一个有着良好品德的老者，他总是想着去帮助别人，而且，他十分有活力，就像年轻人一样，面色红润，走路也十分的轻盈，看上去完全不像是一个已经有着80岁高龄的老人了。但是人总是有缺点，他的记忆力非常糟糕，他常常忘记自己要干什么，甚至他记不住人名，常常一会儿叫我彼得，一会儿叫我伊万。

如果你想请他办一件事，他会重复地问上好几遍，还在他的手帕上打个结做为记号。但事情往往会这样，当他打开手帕时，发现上面有10个结，但他已经忘记了每个结到底是什么意思。可见，打结这种记忆方式极不科学，如果我们是用字或词来代表事情记忆，应该会容易很多吧。

在古代，人类还不会写字，那个时候就用结绳来帮助记忆。南美洲的秘鲁人非常擅长使用它。他们使用很粗的绳子，它上面的结就像谷穗子一样。

各种颜色长短不一的细绳，离主绳越近，表示事情越重要。而且每种颜色的绳子各有各的意思：黑色表示死亡，白色表示和平或者银子，红色表示战争，黄色是金子，绿色则是粮食，如果绳子没有颜色，就表示数字：单结是十，双结是百，三结则是千。

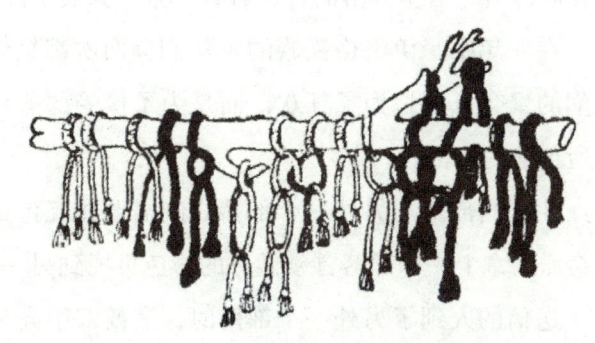

▲ 结绳记事

现在还可以见到这种会结绳的牧人，不过一般人很少会读懂他们的这种文字，不仅仅要注意绳子粗细，还有打结方式并且留意边上的绳是怎么打的。秘鲁有些孩子就是要学习这种文字的，像我们学习字母一样。

还有各种人有各种不同的记忆方式，伊洛格瓦人使用不同色彩的海贝做文字，贝壳被分成小珠子串起来，然后做成带子。在这些贝壳里，黑色代表着不幸死亡，白色表示和平，红色则是危险和战争的主题。有些贝壳的意义至今都保存着，如白色的旗帜仍然表示和平，黑色是哀悼，红色则表示革命。

除此之外，一些经常在海上作业的人们也发明了船舰使用的语言，大家称这种语言为"旗语"。旗语是指用桅杆上的旗帜来表达出各种想要表达的意思。

这种方式直到今天我们还可以看见，就比如我们平时坐火车时经常会看到铁路使用的信号灯，那就是由古代的"旗语"转化而来的。

不过，平常人要想读懂这些工具所表达出来的意思，就没有那么容易了。就拿彩色贝壳来说吧，如果你想让人读懂它们所包含的信息，那可不是一件简单的事情，需要花费很大的精力去学习和研究。

下面我可以用一个故事，让大家对这些彩色贝壳所包含的意思有所了解。

故事发生在一片丛林深处，有一个热衷于使用彩色贝壳传递信息的伊洛格瓦族部落，这里部落的首领有着整整一大袋子的彩色贝壳。

在一年中，伊洛格瓦族的少年们会两次都集体聚在丛林里，进行聚会。他们的聚会可不是为了狂欢，而是为了接受部落首领对他们传授使用彩色贝壳所包含的秘密。

比如当部落与另外一个部落之间需要相互传递信息的时候，部落的首领就会派人拿上一串部落首领做好的彩色贝壳到另一个部落去。

送信的人到了另外一个部落时，需要双手高举着自己部落首领的五彩贝壳串，然后大声喊道："尊敬的酋长，请您看看这串贝壳，然后再请您听小人向您禀告！"之后，这名送信的人需要一边用手指着每一粒贝壳，一边进行解释说明。

那是因为如果另外的部落只看这些彩色贝壳串,而没有听到送信人进行这样的口头解释,是弄不懂贝壳串的含义的。而这些送信人的解释不但让其他部落首领明白了意思,也让他们确信这是伊洛格瓦族部落首领的意思,不是他人冒充的。

如果你想继续了解的话,我还可告诉你更多。例如,如果你看到有一串贝壳是在同一根绳子上,它们的颜色分别是:白色、黄色、红色、黑色。

那么,这就是一封四色的贝壳信,我们可以来进行慢慢地分析:白色,代表我们部落想要和你们部落"结盟",我们并不想让战争发生;黄色,代表如果你们愿意结盟的话,需要你们向我们"进贡";红色是在说,如果你们不同意结盟或者不同意进贡,那么我们的部落将会向你们部落"开战";黑色是在说,在战争中,我们会把你们部落全都"消灭"。不过,这并不是这封信的唯一解释,这封贝壳信也还有另外一种解释,这种解释的意思与上一种解释出来的意思完全相反,这种解释为:白色依然代表我们部落祈求"和平";黄色却可以代表我们部落将要向你们部落"进贡";红色是在说,如果你们部落让这场"战争"继续的话;接下来的黑色是说,我们部落将会"灭亡"。所以,这也是为什么每一个印第安首领在用彩色贝壳"写完"一封信以后,都会派人送信并大声把意思解释出来的原因,这是怕对方误会了自己的意思而造成了不必要的麻烦。所以,这样的彩色贝壳信不能代替人,它们只不过是能帮人记录下那些需要说的话的工具。就仿佛像我们今天打草稿,然后再根据自己的草稿去找人谈话差不多。

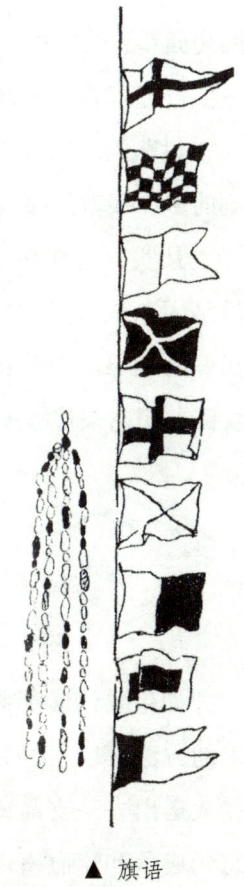

▲ 旗语

其实，帮助人们进行记忆的工具还有很多种。比如说一根棍子。当一个部落的人需要记下自己羊群的数目，或者需要记下仓库里面粉还有多少袋时，一些部落的人都会将这些信息深深地刻在一根棍子上。直到今日，塞尔维亚的农民他们还依然在用着棍子做自己的账簿。如果有一个农民去买面粉时，没有拿钱。他可以在商人那里赊欠了四袋半的面粉。那么，这个农民是不用写欠条的，他只需要削一根棍子，然后在这根棍子的上面刻上四道长横代表四袋面粉，然后再一道小短横代表半袋面粉。接着农民把这根棍子折成两截，一截自己留着，另外一截棍子给商人，就可以了。

付账的时候终于到了，两个人把棍子都拿出来，按照上面的长横道数付钱，刻的多少钱就是多少钱，一分不能少。

其实，这样在木棍上面刻上线条，在其他场合。也曾经被使用过，只不过是用来记录时间的。在荒岛上生活的鲁滨逊也使用着这种方法，并且有着很好的效果。而且我还听说，在古老的西方，一些当地的恶霸会在枪上刻上纹路，用它来代表所杀害的人数。

东西是会说话的

如果要读懂那些贝壳和绳子的意思也要不少的智慧。但还有一些更加简单的方法可以很轻易说明意思。比如，有一个部落想要挑战另一个，他只要派人送出去一支箭或者一支矛或一把斧头就可以了，这些东西很容易让人联想到战争和流血事件。但如果一个部落需要和平，那么他只要送出去烟草或者烟管就可以了。

对于印第安人来说，烟草是和平的象征，联盟之间如果要讨论重大的事情，人们就会围坐在篝火旁边，在灿烂火光的照耀下，其中一个人点燃烟管，然后传递给身边的人，随之这根和平的烟管会被传递整整一圈。

在那个时候，人类还不知道怎样去写字，他们就用特别的东西编出一封信。比如说，很久前住在俄罗斯南部的西叙亚人就用一只鸟、一只老鼠、一只青蛙和五支箭编成一封信送给邻居。

这个奇怪的信件表示的意思是这样的：你们能够做到像鸟儿天上飞、像老鼠能打洞、像青蛙能过河吗？如果你们做不到，就不要来和我们打仗。一旦你们的双脚踏上我们的领土，我们就会用箭来射杀你们。

现在用文字是多么容易表达这些意思，想象一下，一个阳光明媚的日子，当你开心地收到一个包裹，打开看到的是一只死青蛙死老鼠时，你会有什么感觉？

可能你会认为这是一个恶作剧，你会一笑而过，根本不会想到这封信会有多少严肃，而不是玩笑。

而人类发明用来说话的纸，那是很久以后的事情。

在人类发明信件和纸之前，为了传递消息，他们只能发明这些容易理解的方法。

古代时，箭就是代表战争，拉紧的弓代表进攻，而烟管则是表示和平。之后的很多日子，人类慢慢再进步，才发明了纸来代替这些东西

图画告诉我们的故事

古代时候，有很多种方法来记录人们需要的信息，可最后保留下来的还是我们现在所使用的方法，那就是写字了。

可是你是否好奇，人类到底是怎样发明了写字的呢？

这件事情可并不是简单的。从一开始的时候，所有人都不知道怎样去写字，但他们发明了画画，什么事都可以画下来。如果想要表达鹿的画，就照着鹿的样子画下来。如果你要打猎，就画几个猎人和几只野兽来表示。

很早的时候，人们就知道该怎样去画画了。在更早之前，现在的巴黎或

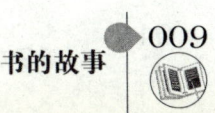

▲ 原始人狩猎壁画

者伦敦那些人们曾居住过的山洞里，发现当时人们画的很多图画。

那时的人们以狩猎为生，所以他们画的就是一些野兽和一些围猎的场景。那些狩猎的场景被画得栩栩如生，非常漂亮。你看，这个猛犸非常凶猛，而这一群鹿，在逃避猎人的追捕。而这一头勇敢的驯鹿，用它的头来抵抗人类的追杀。在法国和西班牙那些地方，这样的图画到处可见，那么，它究竟是些什么意思呢？

这些细致精美的图画是表达着原始人的信仰。和目前的印第安人相同，以前的人会认为自己是野兽进化而来的。比如，印第安人会觉得野牛是自己的祖先，他们认为自己就是野牛。而有的印第安人则以狼为祖先，把他们自己叫作狼族。那么，如果以前那些穴居的原始人也曾经认为他们的祖先是野兽时，那么他们所画的就是他们祖先和庇护者。

当然图画也可以表述其他事情，在墙上画着一匹一箭穿心的野牛，旁边还有一只射杀的野鹿，这其实是表示人类对于野兽所用的咒语，意思是把所有的野兽都捕猎到山洞中来。就是在现在，很多的原始部落也同样会用这些咒语，它们有时候，为了战胜敌人，就请巫师捏个小泥人，然后对着他念咒语，用箭刺穿他的心，他们以为这样就可以打赢敌人。

原始人生活在离我们几千年前的那个时代，我们根本无从知道他们的长相，有一些现在出土的原始人骨骼，会让我们联想到猩猩和猴子，我们和他们并不一定像，如果这些人没有在墙上画画，我们是根本无从知道他们在想些什么的。

在山洞中画画，这还不能算是画一个故事，或者记载什么事情，但是就在画画出现不久，就有了图画故事。

我们曾在美国苏必略湖附近的一块平常的石块上看

▲ 阿尔塔米拉洞穴壁画：马

到了真正的图画故事。上面画着五只小船，下面坐着五十一个人，这就是一个讲述印第安人渡河的故事。其中有一个人骑在马上，他就是部落的首领，其中还有着乌龟、鹰、蛇等一些动物，表示部落的名称。

这一幅画可以看出是印第安人的行军过程，但人们还有另一种理解：这些动物都是印第安人的祖先和庇护者，船中为已经战死的士兵，他们正被运回家乡。

这样，我们就可以把这幅很久以前的画翻译成一个故事。现在也有人用画来讲故事，例如一个英国作家在他的故事书中插上图片，这些图在讲述故事的时候有了不小的作用呢。

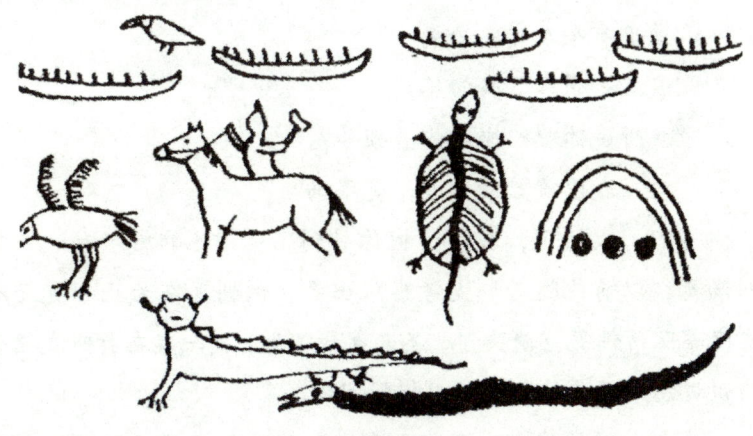

▲ 印第安人行军图

失踪的考察队

让我们一起来听一听一个船长故事吧！下面是这位船长的叙述：

这是一件很久以前的故事，我记得那时正是1837年，我乘坐着"华盛顿"号的游船在密西西比河旅游，那个时候我还是一个年轻的小伙子。

船行了不久，到了新奥尔良，上来了一支勘察队，他们是在寻找那些已经消失的沼泽和森林。他们的勘察队长是一个学者样子的人，看起来非常严肃，不爱笑，一直沉默着，还拿着他的黑色笔记本不停地记着东西。但队员中的其他人却不像他，他们都是一些热情开朗的年轻人，爱说爱笑，其中最活跃的就是这支队伍的侦察兵。

后来有一天他们终于到了目的地，于是就离开了我们，自从他们离开以后，船上一下子变得非常安静，我有时候难以忍受，常常会想起他们，但时间一长，就把他们都忘记了。

不久之后，大概是三四个月以后，我换到了另一艘叫道"美杜莎"号的船上，一个下午，一位满头白发的老者走到我的身边，他问：

"这里有个人叫乔治吗？"

"我就是啊。"我回答。

"我听说你曾经坐过华盛顿号？"

"对，我以前曾经坐过，有事吗？"

"啊，太好了，我终于把你寻到了！"他非常激动。"我有个儿子叫汤姆，以前他随着一支考察队出去，但到现在为止一直没有音信，那支考察队仿佛凭空消失了，怎么也找不到。我一直在打听我儿子的消息，听说过您乘过这艘船，所以想问问你。"

我担心像他这么大年纪的老人一旦踏入森林，很可能会染病被或遭受其他不测。

"您一个人不能进森林,太危险了。"我说

"对,我知道。"他说。"但我一定要找到我儿子,我想有个同伴会好点,我会出高酬,我不在乎花多少钱,您有推荐的好人选吗?"

"如果你不介意,我可以帮助您!"我说。

当天我们就准备各种有用的东西,食物、手枪、帐篷等等,在第二天就上岸进入了森林,我还雇了一个印第安向导一起出发。

那个地方非常潮湿,就像沼泽地,我们在森林里不知道走了多远,就是像我这样强壮的年轻人也都累得筋疲力尽,我于是对老者说:"我们走了这么多天,周围没有一点他们留下的踪迹,连篝火的痕迹也没有,会不会是我们走错方向了,考察队不会来这里的。"这时,向导也劝他,老者子终于被我们说动了,我们准备回去,就在这时候,老者发现了一粒纽扣,他开始怀疑是考察队来过,也就是这一粒小小的纽扣,最终把这个老者送进了坟墓。

那天我们在森林的空地上搭帐蓬,升起篝火,老者坐在一旁休息,"乔治!看!乔治!是纽扣!"老者突然开心地大喊起来,像是疯了一样,我看了看他手里的纽扣,这确实是士兵衣服上的纽扣,老者边看边哭着说:"这是汤姆的纽扣,我找到了,我一眼就知道这是我儿子的。"我们毫无办法,他一定要继续走下去。

无论如何,这颗纽扣算是我们的第一个线索。可是到了第二天,老者就开始发高烧并且发抖,他得病了,却不肯停下来,他总说儿子在等着他。没有几天,老者就倒下了,我像照顾亲人一样帮助他三天,我们间产生了浓浓的亲情,但一切都无济于事,他没能挺住,在第四天死了,手里还抓着那颗纽扣。

我和印第安向导埋葬了老者,选择了另一条路往回走。仿佛是一个命运的玩笑,没有几天,我们就发现了考察队真正的线索。我们找到了篝火的痕迹,还有一块树皮,我至今还保存着那块有意思的树皮……

讲完上面这个故事,这个船长从一个旧盒子里拿出一块树皮,只见上面画着一幅画。

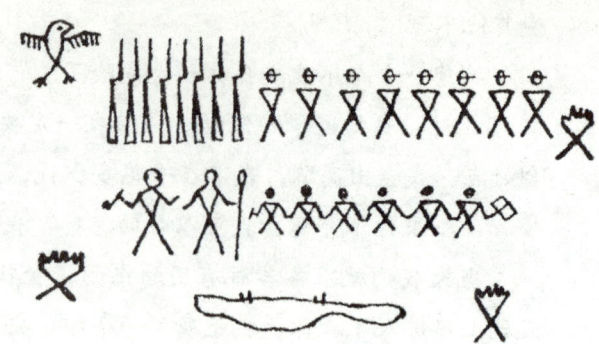

"这幅画是一个印第安人所画,可能是考察队在森林里迷路了,为了让人知道他们的经历,这个印第安人依靠他们民族的习惯在画好了画,然后把它钉在一棵大树上,也就是说,这幅画其实是一封信。"船长继续说:"我的印第安向导给我解释了那幅画,他说,上面八个带枪的人是士兵,下面六个小人就是考察队员,拿书的人是队长,还有一个拿着烟管的是印第安向导。篝火表示他们曾经在此驻扎休息,那只倒在地上的海狸表示有个叫海狸的印第安人死在了路上。看到这幅画之后,我们决定继续寻找考察队,在印第安向导的帮助下,我们沿着这条路到最后找到了这支考察队。一直到现在,只要我看到树皮,就会想起那个可怜的老人和他的纽扣。"

有些印第安人的墓碑上,画着一些动物的图画,这些就是死者或者他们族人的名字,就像是船长的树皮上的海狸一样。

有一块石碑,画着一只鹿,可想而知,这个死者的名字一定是叫鹿或者是跟鹿有关的东西。从下面一个鹿头看起来,他生前是一个猎鹿高手。而且,他曾经参加过多次的战役,石碑上所刻的条纹,表示了他参加战争的次数,他的最后一次战役维持了两个月的时间,因为上面刻着一把斧头和两个月亮,我们可以知道,他就是牺牲在最后一次交战中,画面上的太阳表示是死在白天,而月亮的下方画着一只鹿。

在远古时候,人们还可以从各自的身上读出他们的故事,因为他们都有纹身的习惯。像波利尼西亚人,他们身上的纹身都是有意义的,他们将一把非常尖细的梳子,不顾疼痛地插进自己的身体,然后用颜料放在被刺出的孔里,他们从小到老都这样,有时候老了,全身就会变得破破烂烂,惨不忍睹了。

古老的文字

很多的科学家们研究那些古老的文字已经有很长的时间了。

那些布满在埃及庙宇和金字塔上的图画,看上去似乎并不难去理解。比如一个手执卷稿、耳夹芦苇的人,是一个抄写员;在卖香水、面包旁的人则是商人;有一个在吹玻璃的人是玻璃工人;打造手镯的人是珠宝商人;手拿盾牌的则是武士,这些不同的人表示着不同的职业。

像这些简单的图片大家都可以看懂,但有些复杂的符号和画图却让人很费解。

有一些埃及的纪念碑上,像今天的书本一样,整齐地排列着一行图案,它们有:蛇、鹰、猫头鹰、鹅、狮身鸟头像、莲花、手、棕榈叶、甲虫等。但是这些图画的中间还夹杂着很多三角、方块、圆等一些令人难以理会的符号,这些符号的下面,往往刻着埃及人的象形文字,这些东西记载着他们的文化和生活。可是,我们根本无从理解它们的意思,包括这些埃及人的后裔,也早已经忘记了祖先的文字。

终于在有一天,我们揭开了这种神秘的图画的一角。

在1799年的一天,有一个法国部队在拿破仑的命令下登陆埃及海岸,他们在罗塞特城附近挖战壕的时候发现了一块用希腊文和埃及文写的石板。

这令学者们喜出望外,他们认为,只要把两种文字比较一下就知道它们的意思了。

开始,学者们认为每一个图形都代表一个意思单独的字,他们试图将每一个图像和希腊文对应,结果大失所望,根本行不通。

又过去了25年后,法国学者商博良发现,一些埃及的带方框的符号在希腊文中表示的是长老名字的意思,他又想,框中的词是不是全部都代表长老呢,这样,符号就不是单独的字了,而是组成的字母。例如,下图就是希腊文,写的是法老托勒密的名字。但这只是一种猜测,并没有证据,要想证明,必须掌握有用的证据。

经过一段时间的摸索,终于在一座尖塔上发现了同样刻着希腊文和埃及文,而且文字中也有方框字,商博良就用字母来代替符号,得到了以下结果:

商博良在对应的文字中找到了这个名字:KLEOPATRA 这些字母。这就证明猜测是正确的,方框里是单独的字,而那些符号代表着一个个单独的字母,而且他找到了11个字母:p, t, o, l, m, e, s, k, a, t, r。

然后商博良用这些字母去对应那些没有方框的图案,结果发现没有用。这样又过了好多年,他才发现,埃及文里那些字有很多种书写方法,字母只是书写名字时才用的。埃及的文字,有些符号代表着一个字,有些代表着字母,而且还有的只是单独的字音。请看下面这种埃及的画：

在这里有些符号表示字母，如竖琴表示 a，叉子表示 v，腿表示 n，窗户表示 o，针表示 i。而有些表示单独的字：如书、吃。但在埃及的文字中，像吃这个字画的是一个人在吃东西，但它却并不表示为"吃"，而是"有"。还有一些表示的则是字音，如马车表示的是辁辘声等。

埃及人在书写的时候，无论哪一个词语，使用的都是一种不可代替的方法。在埃及的文字中"甲虫"，他们写作 hpr。但是动词"存在"，也写作是 hpr，所以当他们在写存在时，也用一只甲虫代替。

让我们一起来看一看下面那些埃及的象形文字吧！

和印第安人相同，在很早的时候，埃及人用来表示意思的方法也是画图。而经历了几千年之后，出现了埃及象形文字，最后演变成了字母。

可是这样到底是怎样变化才得来的呢？

人类在不断地发展着，而埃及人在发明象形文字时不再单单以狩猎为生，他们已经开始种植业和畜牧业了，再后来，还发展出了手工业与商业。那些商人不再需要把自己的母牛画得和真的一样,他们只需要一个特殊符号就可以了,这样,就出现了特殊符号。

因此,符号代替了图画,但埃及的文字却还是和图画一样。而统一时候,那时的波斯和巴比伦文字已经开始了线条的组合,而不只有图画。

波斯人和巴比伦人用木棍将所写的文字压在泥板上,就是后来的楔形文字。很多学者用尽心思想要解读出这种单调而奇怪的文字的意义。但是很多年过去,依然没有任何结果。他们都灰心丧气了,就在这时,又出现了契机。

德国学者格罗特芬识别了楔形文字,他没有那些双语的碑文可以研究,他只是在研究波斯王的纪念碑时,发现有些词语多次出现,他想这可能是代表波斯王或者什么相似的。所以,在"王"这个字前面的应该是王的名字,比如"波斯的吉尔王"

格罗特芬查看了一些波斯王的名字:吉尔、薛西斯、阿尔塔薛西斯、大流士等,把它们和楔形文字来比较。

大流士(Darius),古波斯语是这么写的Darivush,字母数一致:

从中,格罗特芬就找到了七个可以利用的字母。

在另一个名字中,他又找到了一样的字母:

这里的字母,只是第一个字母未曾见过,可以推理出这个字母是K,不难猜测,这个楔形文字表示的就是Kshiarsha,薛西斯。

与商博良相同，格罗特芬也是从这些帝王的名字中找到了线索，然后进一步破译了其他字母。如他所想，碑上的帝王名字后面跟着的是封号，像：

王中之王、波斯之主宰、大流士大帝、人们之帝王

格罗特芬破译了波斯文。

其实，波斯人的文字是从巴比伦文那里演变而来的，并非自创。

而巴比伦人最早也是从画画开始的。只是巴比伦人想要把图画刻在黏土上，但是因为黏土的原因画出来的画往往变形，变得使他们很不方便画画。

而波斯人简化了楔形文字，把它们变成字母，图画文字随着时间在慢慢变化着。

在商博良和格罗特芬破解了象形文字和楔形文字后，人们知道了古代人的很多有趣的事情。

有一种赫梯语是在19世纪初的时候被人们所破译了。那是在土耳其的一个博阿兹柯伊村里，人们发现了13000块用巴比伦楔形文字写成的赫梯语碑。

人们对楔形文字已经有了了解，但对这种赫梯语却完全不懂。还有别的赫梯语的象形文字被挖掘出来了：手、头、足、矛、动物等一些图案。

最后，在1916年，赫梯语的楔形文字被布拉格的赫罗兹尼教授破译了出来，经历了16年的光阴，他又将象形文字成功地破译了。

后来赫罗兹尼教授发现，赫梯语不仅仅是一种，而是有六种，他不只是破译了赫梯语，还发现了历史上不曾知道的一些

▲ 巴比伦人的楔形文字

民族。他认为，在东方，有着六个赫梯语的民族，他们建立了好几个让埃及人和巴比伦都害怕的王国，这样，就有了六种赫梯语。

字母 的 旅行

曾经使用的那些图画文字到我们现在已经发展成了拼音文字，虽然如此，可我们的今天，还存在着使用象形文字的民族呢。中国就是其中之一，其实中国人创造象形文字的时间要比我们早得很多，直到现在有些地方还在使用。其他的国家也有些地方在使用，比如日常见到的指路标志，或者通常在电视上看到的那些毒药瓶子上面交叉形状的骨头，这些都是象形文字呢。

如果想要将中国人发明使用的那些象形文字翻译成我们现在使用的字母是比较困难的，这是因为中国的那些文字都十分有趣并且每个都有着独特的表达意义。像是"日"这个字，就表示了太阳，还可以说成白天，每天的意思。

再说"木"这个字，念的时候就念作"mu"，看起来像不像一棵倒立着的树木？并且有着树的意思呢。那并排的两个木是不是念作"mumu"？当然不是的，应该念作"lin"。

在很早时候的中国，那些文字和想要表达的意思是十分相像的，譬如将一个中心带了点的圆圈表示太阳，镰刀模样就是月亮了。那些各种各样的图案和笔画布满了一整张纸，所以想要得知上面的意思是很困难的，但是为了让书写更加方便快捷，中国人就发明了比那些图案更加简明的象形文字。

如果你想知道我们所发明的文字到底是从什么东西而演变过来的是非常不容易的,这就要像猎人去追逐自己的猎物一样,要经历很远很远的路程。

其实你知道吗,我们所使用的字母的家乡在埃及,它是经历了一个又一个国家的旅行,才来到我们的眼前,真是不容易呀。

想要发明出简明的文字来,就拿名字来说,并非每个人的名字都难找到相似的地方。这样就使得埃及人在原来的文字基础上加入了二十五个字母。在埃及人的寓言中原本就有比较简单的单词,像是"ro"表示的就是口,可是在进行了改变后,就不止表示口了,还可以用来表示字母"r"。

其实我们可以从埃及人的书上看出来,在那些文字刚刚开始进行演变的时候也是经历了一番挫折的,它们会在某一个用字母写好的单词旁边画一幅画,比如"tn",这个单词的意思是书,他们就画一本书在旁边。

埃及人进行这种配图的方法不仅是因为他们不习惯,而是因为他们埃及的文字和中国的文字有一个共同之处——一个写法可以表达很多的意思,所以每个词的后面都要画一个标记才可以解释它的含义,否则会发生一些难以避免的误解。

在那个时候,埃及人还没有发明元音字母,他们只会用辅音字母,如果没有符号就会发生误解。

埃及人创造出来的文字,轻轻一瞥就觉得像是创造了整个字母表一样,但事实并不是这样的,在那些埃及的庙宇或石壁上,还有那些莎草纸中都有着各种各样的奇怪的象形文字,其中有表示符号的,也有表示音节和字母的,但它的确不是整个字母表。

其实,字母表是闪族人发明的,可闪族人却是埃及人的敌人。埃及在4000年前被闪族的希克索斯人所征服了,并且占领了整个的尼罗河流域。整整三百年,希克索斯人统治了埃及人,并且在这三百年间,他们在埃及的象形文字中挑选出了21个来,将它们改成了简单明了的字母。

在我们小的时候通常都是通过那些带有图画的字母开始识字。比如可以根据单词的第一个音节和发音的字母是一致的。字母 A 的旁边是一只斧头，字母 B 的旁边是一只蜜蜂，可我们并不会用斧子和蜜蜂来表示 A 和 B。希克索斯人也是一样的，在他们的寓言之中，牛的第一个字母是 A，房子的第一个字母是 B。就是用这样的方法，他们创造出了 21 个字母来，这就是一套比较完整的字母了。

而到了后来，埃及人将希克索斯的政权推翻了，虽然他们的政权被推翻而消失了，可文字却被希克索斯人的亲族：腓尼基人和犹太人继承了下来，并且传遍了埃及东边的那些国家和地中海的整个流域。

其中的腓尼基人是以航海为生的，他们很擅长航海与贸易。腓尼基人将船开到了塞浦路斯岛，希腊沿海，直布罗陀海峡等，只要到了一个地方他们就会用自己的东西来换取兽皮和奴隶，并且那个时候所有的腓尼基人都在使用着腓尼基字母，在扩大自己贸易的同时，他们的字母也传遍了整个世界

腓尼基的商人和埃及的人不一样，他们并没有将那些字母画成和实物差不多的模样，所有的东西都简化成了可以快速书写的字母，渐渐地，这些字母变得已经和曾经埃及传出来的字母不同了。

可是字母的旅行却依然在继续着，腓尼基的字母传到了希腊，并且变成了希腊字母的根源，在希腊停留了几个世纪后又继续向西边行走着，来到了意大利和俄罗斯。而到了意大利的字母变成了我们今日所说的拉丁文，而字母到俄罗斯就变成了斯拉夫字母的祖先，然后变

▲ 字母演化历程

成了俄语的字母。

经历了 4000 年，埃及字母从腓尼基到达了俄罗斯，种种的改变让这些字母变得已经面目全非了。那么，你想知道曾经的字母是什么样子的吗？那就需要去西奈半岛上的哈多儿女神庙去看一看再进行比照了。

而在进行对比的过程中，你会发现一个很有趣的事情，A 像是牛角向下，O 如同眼睛一般，R 就是一个有着长长脖子和大脑袋的人，M 就是波浪。这些字母都有一个相同的地方，就是方向和我们今天的字母是相反的。

这到底是因为什么？

在一开始的时候，他们的字母是从右向左的，甚至反过来混合着用，但后来他们就发现这样书写非常不方便，就同意决定从左向右写。这个时候，希腊人在改变他们字行方向的时候，也把字母的方向改变过来了，可到底哪样最方便呢？最后他们终于找到了最佳的办法。

在今天的中国，有很多地方还在一列一列地竖着写字，方向是从右向左，虽然在许多地方中国人已经在使用那些欧洲国家所用的方法，可这样古老的方式也没有任何褪色的表现。

埃及的那些墨水是由烟黑、植物胶与水做成的，和中国人的墨不一样，中国人的墨是很容易干的，埃及人在写字的时候通常用右手写字，左手在一边握着书卷，所以在写到第二列的时候，手总是会将第一列没有干的字蹭掉。

在最开始的时候，埃及人想或许横着写字可以解决这个问题，这样的话手就不会再将那些没有干的墨迹蹭掉，可那习惯还是被保留了下来，人们一直延用着这样的方法，直到埃及人开始混合交叉的书写方式为止。后来，欧洲人从左向右的书写方法赢得了胜利。除了一些犹太民族，几乎全世界都在使用这样的方法。

在从埃及一直到俄罗斯的历程中，埃及的字母走遍了整个世界！它们在希腊分开成几路，北边到了俄罗斯，西边到了意大利，经过了印度尼西亚，西藏与朝鲜，所有国家的文字几乎都是从埃及的字母变化得来的。

我们已经了解了一些关于字母的历史，那么，你对数字好奇吗？其实数字的来历比字母还要有趣呢！

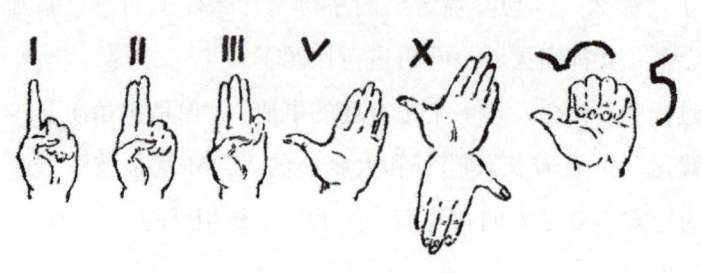

▲ 用手势表示数字

在古代的时候，人们只知道用手指数数，如果想表达"一"就伸出一个手指头来，想表达"二"就伸出两个手指头，这样算下去，如果遇到了超过我们手指数目的数字怎么办？这样的话，他们就只能挥动自己的双手，看上去像追赶虫子一样。这样来表示数字的方法被罗马人用到了罗马的数字里并且写到了纸上。

而阿拉伯数字和罗马数字一样，都是从手指变化而来的。"1"就是一根手指，"5"就伸出五根手指来。

在进行数字的书写时，形状是会发生一些或多或少的改变的。在一开始的时候，人们会用一块带着格子的板和带有数字的小原片，在那个时候并没有"0"这个数字，如果要计算102和23这样的数字，就在板子上照着以下的方法放上小圆片：

这样的方法被希腊人称作"算盘"。在计算的时候会把0空出来，因为那个时候希腊人是使用字母来表示数字的，所以算盘在那个时候对他们的用处非常大，他们用字母表的第一个字母来表示"一"，第二个表示"二"。如果没有算盘出现的话，他们无论做什么都是非常麻烦的。一般希腊人都是先心算，然后将得出的数记录下来。再后来，他们就用桌子来代替算盘了，可桌子上没有小方格，在遇到0的时候就会用一个小圆片去表示空格了。

在以后的日子中，人们已经习惯在桌子上进行算数，那个时候他们开始觉得用小圆片来代替并不是很好的方法,他们就在圆圈的地方画上一个圈,这样,0这个数字就被人们发明了出来。

字母在这个世界中不断地奔波着,书籍也同样经历了许多的路程,字母从石头走到了莎草纸上,又走到了蜡板上,然后跑向了羊皮,最后出现在了纸张上。

这就像是你将一株长在沼泽里的植物移植到了悬崖之上,那么它的一切都会发生改变。字母和书籍在旅行的过程中会随着自己身边的环境而改变模样,就像那些被刻在石头上的字有着分明的棱角,可写在纸上却变得无比圆润。

在不同的时代都有着不同的材料,那么写出来的字也会不一样,我们可以得知那些写在石头上的字和写在蜡上的字是完全不同的。乍一看你或许会觉得那是不同的语言,可它们竟然都是属于拉丁文的。

图上从上往下的字分别是写在:石头、蜡、羊皮纸上。

那些文字书写的方法还真是让人不习惯呢。而现在我们写字时用的铅笔和纸张,在15世纪的时候还没有出现在这个世界上,在那个时候学生们都是用蜡板写字,并且用一根尖尖的木棍当做笔,这样的书写方法真的非常不方便。

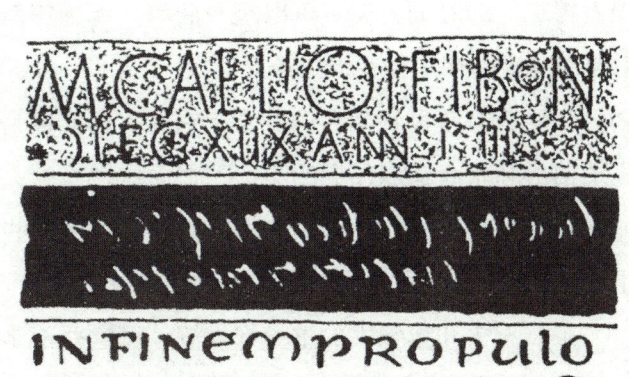

▲ 从上至下分别是石壁上的字、蜡板上的字、羊皮纸上的字

远古时期,那些原始人才刚刚将图画变成了文字,可苦于没有书写文字的工具,就需要冥思苦想到底该用什么工具将字写到另一个东西上。在那个

时候的人们都是找到了什么东西就用什么东西去写字,这样的状况已经延续了很长的时间。

传说中穆罕默德的古兰经就写在羊的肩胛骨上。古希腊人在进行国民选举时,会在陶土上写字,而进步的人就将叶子和树皮剪得十分规整,然后用线缝合在了一起并做成了书。最后会在书的脊背上涂了颜色,看上去十分漂亮。

而现在,这些多种多样的写字方法我们只有在博物馆才能看到了。

寿命最长的书籍是石头书。几千年前,埃及人将一些故事刻在了墓碑上和石壁上,就这样一直流传到了现在,可到底是什么样的事情会被雕刻在石板上并且一直流传呢?这些事情都要刻在石头的头上,将字刻在石头上是非常费劲的,那些石头太重了,在那个时候没有任何高科技或先进的工具可以随意地移动那些石头,于是人们就发明了青铜书。

在那个时候,有很多用来装饰宫殿和庙宇的青石板都有题词,我们还可以看得见。那时的青铜板可以是一面墙,无论正面和反面都可以用作书写,并且写完字后被人挂在天花板上。

法国有一座世界闻名的教堂,它的大门就像是书本一样,上面全都是爱丁纳伯爵和布卢瓦居民们的契约,上面这样写着:居民们要为伯爵建立一座城堡,只有这样他们才可以获得酒税权。虽然那些建造了城堡的居民们已经不在这个世界上,可这样的事件却永远地被记录在了这个教堂的青铜门之上。

虽然石头和青铜书的重量都太沉,可这并不是最关键的,最让人头疼的事情是要在上面写字需要耗费太多的精力,往往写一页的字就要花上一天的时间,所以人们发明了纸,虽然纸不能像石头一样保存长久,却拥有非常容易的书写方式。

在古代的时候人们就已经创造了可以方便书写的材料,就像是底格里斯河和幼发拉底河河谷的巴比伦人就发明了泥版书。

他们的泥版书是这样制造的:先用泥土做出又厚又大的陶土版,然后抄书的人就会在上面写字。他们会将写书的棒压进泥版里又迅速地取出来,这样的话可以写出一些起笔的时候粗、收笔时候细的字来。

写完字后就将泥板放在太阳下晒一晒，然后拿到炉子里焙烧，这样就变成了石头一样不怕水火也不怕老鼠啃的坚硬的书，如果你说这样的书可以摔坏，但他们还可以重新拼组。

我们今天所阅读的书籍都标有页码并且是装订在一起的，可那泥板却不能，所以在那个时候人们就给每一块泥板都标上了编号和书名。尼尼微图书馆里的3万多块泥板都是有编号的。

除此之外，那里的每一本书都要盖上图书馆的印章：

战士之王，人民之王，亚述国之帝，亚述巴尼拔王的宫殿。是天神赐予了他那天生的灵敏的听觉，尖锐的视力。可以来寻找所有的一切王的作品。我带着对天神，智慧之神的崇拜之情来搜集这些石板书，并且盖上了我的名字，放在我的宫殿之中。

这个图书馆里真的什么样的书都有！有讲述亚述王和吕底亚人的，还有吉尔伽美什勇士和他的朋友打败了敌人的，更有讲述是洪水让这个世界变成大海的故事等等。

在某个无法入眠的夜晚，亚述王就会派人到自己的图书馆里找到一些有趣的书来进行阅读，他会让自己的下人们去朗读这些故事，这样他就可以忘记自己的烦恼，进入梦乡。

亚述人在进行完一番谈判后都要盖上印章的，他们将宝石做成滚轴形状的凸印，需要用的时候就在泥板上滚动一下，这样就可以留下印记。这样的方法我们今天还在使用着呢！

那时许多的契约和收据都带着自己的印章，在被保存至今的那些东西印章旁还有签字。只不过那签字是用手指甲制造出来的，这或许是那个时候不会写字的人们创造出来的一种独特的方法。

带子书

那些原材料是砖头做成的书籍看上去已经是非常令人吃惊的了,可更让人吃惊的事情在后头呢!古埃及人又发明了一种神奇的书籍。

让我们来看一看,那是我们走了有100步那样距离的一条带子,看上去像是纸做成的一样,可却不知哪里有些不对。从外表上看来,这样的带子是由许许多多的格子块组成的,而这些格子块里又存在着许多细细的,密密麻麻的线条。如果你好奇心大发,从中撕下去来打算观察,你就会发现那里面还有着很多像是编制的席子一样的细线呢!这种纸的质地是不错的,它既平滑又发亮,并且颜色是微微的黄色,可它十分脆弱。

在古埃及,或许是为了使阅读这样书籍的人方便一些,不让它们在看书的时候从带子的这边跑到另一边去,所以书上所排列的顺序,并不是从一端横着写到另一端的,而是竖着从上至下书写的。

其实这样的书,也有着极其特别的制作材料。

有一种形状奇怪的植物生活在尼罗河边的沼泽之中,这些植物有着光秃的高杆子,并且上面还带有像刷子一样的冠穗,它的名字是莎草。很久以前一直到现在,许多的寓言之中都把这种纸叫作莎草纸,并且大多国家语言中的"纸"都来源于莎草呢!

▲ 古埃人采集莎草

在埃及，莎草是非常受欢迎的植物，因为它不仅可以做成纸，还可以当做食物和可口的"饮品"，甚至还可以做成鞋子等物品。是不是很神奇？这些看似极其不起眼的小小植物却给埃及人带来不少的好处呢！

曾经有一个罗马的作家见证了古埃及人制作莎草纸的过程，并且记录了下来，后人从中了解了制作莎草纸的整个过程。

他们用针将那些莎草杆制作成固定的宽度后，再一条条地用胶水连接起来，这样就制作成一个完美的纸张了。这种工作在湿润的桌子上进行的，而那些胶水就是淤泥了，而为了让水全部都流走，所以他们将那桌子倾斜着摆放。

那些被制作好的一排排的薄条被连接上后，制作人就会将多余的部分处理掉，再紧接着铺下一层。可不一样的是，再次铺上来的一层却是要横过来铺。

在这样的纸张制作完成后，就在纸张的上面放着比较重的物体，这样可以使纸变得平平整整。然后再将它们放于温暖的阳光下晒一晒，用一些物品打磨，就大功告成啦。

其实和我们用过的纸一样，莎草纸也分了很多的种类呢。其中最高级的一种是由莎草杆的芯制作而成的，这种纸张的宽度就相当于我们平时里用的笔记本一样了。埃及人将这种纸张称作为"圣纸"，并且将它们宗教的圣典也记录在这样的纸张上。这种纸张不仅受到了埃及人的欢迎，罗马人似乎也很喜欢，曾经向埃及购买过，并且称这种纸为"屋大维"纸，因为这样可以表示对罗马国王屋大维的尊敬。

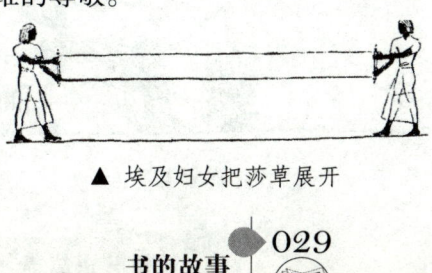

▲ 埃及妇女把莎草展开

书的故事

当然，除圣纸外还有其他不同种类的纸，其中质量最差的一种就是"商人纸"了。之所以将这种纸称作质量最差，是因为它实在是太窄太小了，大约只有一个人的手掌那样大吧，根本没有办法在上面书写多少字，所以它便只有一个用处了——那就是用来包装东西。埃及的亚历山大城存在着很多的莎草纸的加工场所，其他国家的这种纸就是从这里运送出去的。

此刻的你一定存在着一个疑问：这些纸张明明还是一页页的，为什么就会有百步那么长的带子？答案是这样的，在把那些纸张准备完毕后，工人们就会将它们仔细地、紧挨着地连接起来，连接成了长长的带子。但又一个疑问出现了，这样的书籍要人们怎样去阅读呢？如果要将它完全打开，哪得需要多大的地方，阅读起来多么的麻烦啊！

那如果我们试着将这样的书挂在墙面上呢？似乎也不可以，并且在碰到阴雨天的时候拿这些书又要怎么办？要用什么样的方法去保护这些书？并且，似乎还有许多人总是去破坏它们，又应该怎样去制止这样的破坏行为呢？找人专门看管？那是不可能的！没有人愿意艰难地背着这么长的书坚守好多时间。

大概你会这样想，可以将那些纸张一张张地订起来，就和我们现在阅读的书一样，可莎草纸受到了材质的控制，是不可以剪裁的，它们实在是太脆弱了！那到底还有什么办法呢？埃及人就想到了一种很方便的法子，他们将这些带纸卷到了圆圆的棒子上，这样就可以保证脆弱的莎草纸不会破碎，它们在棒子的两边雕上人偶的形状，阅读的时候握着那个圆棒就可以了。现在我们也在延续着他们的方法，比如在看地图和报纸的时候也会卷起来进行阅读，这的确是一个不错的方法。

▲ 阅读莎草书的人

而此刻我们就来看看埃及人是如何阅读书籍的吧！他们用左手握住了圆棒人偶的一边，用手将纸卷打开。埃及人在阅读这样的书籍时需要两只手的配合，哪一只都不可以偷懒。但如果在树上看到了什么想要记录下来的内容，也是需要两个人来完成的——一个人去阅读，一个人去书写。

有很多的学者专家们都喜欢抱着许多的书来进行自己的研究工作，可如果情况是这样的，那么看书就是一件麻烦的工作了。

莎草纸存在的缺陷还不止这些，在一般的情况下，一卷的莎草纸只能印下一本书的很少部分，而我们平日里阅读的普通书籍至少也有十多万字，所

▲ 背着沉重书箱的奴隶

以他们就需要用很多的纸张才可以达到一本书所需要的用量，问题就这样出来了——这样的书是非常不好携带的，如果必须要将某些书籍带走，就需要一个大大的箱子，将那些纸卷放进里面，在后背背着。而一些富有的人就会雇佣奴隶去背那些沉重的箱子。

在那个时候的书店完全就像是贩卖壁纸的铺子，许许多多的书卷摆在那些长架上，并且每个纸卷上都有着各自名字。人们大多都用黑色或红色的墨水在莎草纸上书写，书写的笔是芦苇棒制成的，他们将芦苇棒的一边削得尖尖的。在埃及，抄写员的身上随时都会带着书写用的器皿，这样的器皿在博物馆里还可以看得到呢！在俄罗斯的埃尔米塔什博物馆就有。那笔盒是一块板子构成的，盒中还有存放笔的凹槽，并且还有两个来放油墨的陷下去的圆。比较来说，墨水的发明是比较晚的，他们那时所使用的墨水笔和我们现在大不相同，他们只是将烟黑放在水中而已。埃及人为了让墨水更加黏稠，就在里面加进了阿拉伯树胶，这样可以保证写字的时候不会润开。

埃及人的这种墨水当然不像我们使用的那样可以保持很久，只要用海绵，

就能轻轻地擦掉了，所以他们并没有将橡皮发明出来，并且在大多时候连海绵也派不上用场，唾液就可以解决这个问题。罗马流传着这样的一个故事：罗马帝王卡里古拉喜欢在自己的王宫里进行诗歌比赛，在比赛结束后没有得奖的人需要用舌头把自己的作品舔掉。

而为了让那些油墨可以从芦苇笔中顺利地流出来，他们就将笔尖分成了两瓣，笔尖上就出现了一条缝隙，和我们的钢笔是一样的。如果没有这条缝隙，芦苇笔里的油墨就不会很顺畅地流出来了。同样的道理，用只有一半笔尖的钢笔来书写，真的无法写出字来。此外，如果你想写出更粗的字来，把笔尖向下压一压使那条缝隙张开，墨水流淌的数量也会增加，字体就变得粗了。

在埃及金字塔的石壁上还存有很多埃及抄写员的人像，那上面大多数都是年轻人，左手拿着莎草纸所制作成的纸卷，右手则拿着芦苇的笔，跪坐在地上，还在耳朵后面夹着两只备用的笔杆。这是不是十分的有趣？

接下来，我来给大家讲一个抄写员的故事吧！

如果你可以看到那些抄写员手中所书写的纸卷时，一定会感到非常吃惊的，因为你会发现那上面所书写的文字和我们现在所得知的文字是不一样的。他们所书写的字无比潦草，和我们在壁画墓碑上看到的那些字没有什么相同的地方。

其实这也是可以理解的，毕竟在莎草纸上写字无论如何都比在那些僵硬的石头上刻字要轻松得许多，在莎草纸上写一分钟的字在石头上就要花费一个小时的时间。那些抄写员加快了自己写

▲ 抄写员

字的速度当然就不太会去注意字体的工整了,可以简写的全部简写。所以当你看到莎草纸上那些杂乱的字体时,还是可以理解他们的。

在那个时候,众人所关心的并不是书写是否规整,最重要的却是速度。可祭司却是不一样的,他十分在意书法是否工整,所以他们就会用心地书写那些字。因此,在埃及便有了三种字体,它们分别是象形字,宗教祭司字和大众字体。

这不禁让人感叹,发明莎草纸的这个举动真是给人们书写方式带来了不小的改变啊!

而大众字就是抄写员所完成的。搬运粮食的工人们将食物搬进了粮仓,工人干活的速度是很快的。抄写员就需要把粮食的数量记录下来。

而此刻,抄写员都在全神贯注地听着那些工人们所喊的字数,根本不可能有时间去注意到自己写的字是否好看了。

搬运粮食的工人们得需要踩踏着砖头才可以顺利地到达仓库平台上去。他们的背上背着很重的、一满筐的粮食,等他们走到了屋顶的洞口后,把里面的粮食全部倒进去就得返回,因为这样可以不阻挡后面的工人继续工作。在等所有的粮食都计算完毕后,他们的工作就完成了。

那些抄写员也会在完成自己的工作后将笔收进笔盒中,并将莎草纸卷好倒掉墨水,就一起走到大街上的某个酒庄开始喝酒啦。可并不是所有的抄写员都可以这样自在地去喝酒,其中有一名西塞门的抄写员此刻就没有那么高兴,他愁眉苦脸地一个人走回了家。因为他现在的口袋里一毛钱也没有了,家里也

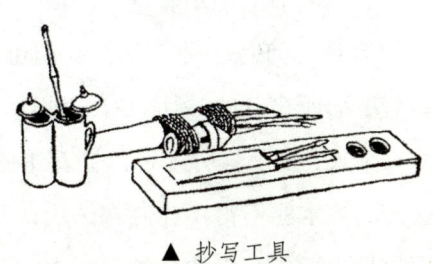

▲ 抄写工具

没有任何粮食了,而距离他下个月发工资的时间还有整整十天呢!并且在这样窘困的情况下,没有人借他一点钱。所以,抄写员的生存状况是不一样的,有些抄写员可是富翁呢!

有一名叫作拉缪的抄写员，他就是一个富翁，他担任的是皇家粮仓的管理员，他利用这样的身份盗窃了皇家很大一笔钱而成了城里的首富。这实在是令人气愤的，难道老实的人就一定要忍受贫穷吗？已经从学校毕业了整整7年的西塞门仍然贫困潦倒，可是在校园里的西塞门和现在可是两种状态呢！他在学校时是个十分出色的学生，所有人都这样说。

西塞门每天早上起床后开始认真读书，每天大多时间都在刻苦地学习，并且不停地去抄写那些古人留下的告诫：不要无所事事，不然你就会一事无成。他在认真抄写的同时还会读出来，在你遇到难做的事情时就要及时向比自己年龄大的人去请教。男孩子们需要注意了，倘若你以后的日子是游手好闲的，我就会将你禁锢，并且用鞭子来教训你。

这样，西塞门和他的同学们全部都领受过被鞭子鞭打的痛苦。在他们读书的校园中，莎草纸是必不可少的。但西塞门并不是因为挨了鞭子才比别人学习好的，因为他一直牢牢地记着自己父亲说的话：我将你送进这样好的学校来就是让你可以受到抄写员的教育，在你以后的日子里可以成为一名优秀的抄写员。西塞门的父亲经常同他说这样的话。

正因为这样，西塞门非常努力地学习，很多东西比其他同学学得要快很多，很多书他几乎可以倒背如流，同时他在算数与几何上也是很不错的，在那时的算数几何书上记录着这样一段的文字：

算数几何是一种工具，我们可以用它去了解很多我们所不理解的事物，看清里面所藏着的一切。有一种算术题是西塞门算得最好的：100个面包要分给五个人，要怎样分才可以让其中两个人所得的面包是余下三个人的7倍呢？这样的算术题不得不让西塞门承认，无论是在书上还是在自己生活的现实中，面包是永远不会平均分给每个人的。

可是西塞门并没有在这种令人郁闷的情绪中停留太久。

这是因为他清楚地记得埃及法老凯提之子杜奥曾说过这样的话："如果抄写员可以在首都找到一份属于自己的工作，那么这个抄写员就不会是贫困的。这样的抄写员吃的可是皇家的粮食呢。"西塞门这样想着,并且飞快地向自己的家走去,因为在家中,他的妻子和一个六岁的儿子都在等着他呢。西塞门的儿子已经上学了,他也希望自己的儿子可以成为一个抄写员,现在他儿子可以在陶片和树皮上去写一些很简单的文字,只是写得还不是很好呢。

蜡板书

相信蜡烛对我们每个人来说都是不陌生的,并且经常在我们的生活中使用。可是,你知道有一种用蜡制作的书籍吗?它可以燃烧,这种书籍或许比其他的那些书籍更让人感兴趣呢!

其实很少有人知道,蜡书一直被沿用到19世纪的初期,在法国的大革命时代,罗马人还使用这种书呢。

蜡书是和口袋书差不多大小的板子制作而成的,每块中间的部位都会有一个凹下去的地方,里面放满了黄色的蜡或是已经调过颜色的黑蜡。一边的插图就是那蜡书的模样了。在那个板子的两端打出一个小洞,并将这些小洞

▲ 蜡书

连接穿起,这样,书的装订就大功告成了。为了让这些书籍在叠放时封面不会摩擦掉,所以第一块和最后一块的板子是不需要涂上蜡的。

此刻你一定有一个疑问:那些人怎么样在蜡书上写字的呢?

当然,墨水是一定行不通了,因为墨水根本写不上去的。他们所用的工具是特别制作的钢棒,这个钢棒有两个头,一头是尖的,另一头是圆的。尖的那头就用来写字,而圆的那头是用来擦去痕迹的,说白了就是将写错的字迹抹掉。或许这就是橡皮的来源之一吧。在很多时候,也不是非要用这样的

钢棒去写字，比如在法院审判结束后，法官就会用自己的指甲在蜡上面划出许多线来。短的线就说明这个人没有任何罪行，而长的线就表示这个人有罪。所以，法官的指甲中一般都是会有一些蜡的。

其实这种蜡板的价格并不贵，是大多人都可以接受的，有很多人就将它买来用作草稿纸和收条，甚至写信等等。相比下来，莎草纸的价格就不便宜了，只有制作书籍的时候才会用到。

其实，蜡板还有另外一个好处，就是可以循环利用。举个例子，罗马人通常都用它来写信，而将信寄出后收信的人可以用钢棒圆的一面将上面的字抹去，重新写在上面再寄回去，这样两个人可以同时使用一块蜡板，并且可以反复使用呢。

那些年长的抄写员经常会同年轻的抄写员说，要经常用笔的圆头。虽然这个时候已经不再使用这样的笔了，可有些国家在夸奖一个人写东西写得不错的时候就会这样说："你的钢棒真不错！"其实这样的笔也有不好的地方，钢棒虽然可以轻易将蜡板上的字抹平，可下面这样的事情也时有发生：一封十分重要的信被送出去，就会被收信人的人抹平。而为了使这样的事情不再发生，有些人想出了法子，他们会在写完的蜡板上再铺一层蜡，这样收信人在收到信件的时候将上面的那一层刮下去，就可以保存原本的内容了。这样的道理很容易理解，就像所有的好东西都要保存一样。

当然，不同材质所书写出的字体也是大不相同的。拉丁字母是刻在石板上的，并且一笔一画，看起来十分有棱角，十分规整。相比而言，那些在莎草纸上所书写的字体就显得圆润了许多，但在蜡板上的那些，就让人难以分辨。

罗马人在蜡板上写出来的字不是所有人都懂得的，只有那些研究手稿的学者和古文学的专家才可以辨认，一般人是无法看得懂那上面的文字到底表达了什么意思。

你对这样的蜡板感兴趣吗？其实你完全可以自己制作一个，然后你也可以试着在上面写一些文字看看，这样你就会发现如果想要在蜡板上像平常一样书写是极其不容易的。如果你想提高你写字的速度，那么你写的字就会很难看。

随着时间的移动和科技的进步，我们已经有了很多类型的笔。纸张也经常出现在我们的生活中，有着比较低廉的价格，正因如此我们不再需要像几百年前的那些学生一样，每个人的身上都要带着一块蜡板了。

有一个消息值得一提，在圣詹姆士教堂的一条垃圾堆里发现了一些学生用的蜡板，数量很多，并且也在蜡板上发现了那些用来写字的笔、裁纸的刀子和像是戒尺一样的木棍。这足以说明那个时候的学生经常会遭到老师的惩罚，上学或许是一件让他们感到痛苦的事情。

我们还发现了一本很古老的作业本，距现在大约已经有1000年了，作业本上记录着一段用拉丁文写出的师生谈话：

学生这样说道："请老师教我们说一些拉丁文吧，我们不大聪明，拉丁文说得并不好。"

老师这样问道："既然这样的话，你们是否愿意在学习的过程中忍受被鞭子抽打的疼痛呢？"

学生们回答老师："为了学习拉丁文，我们可以忍受。"

你应该完全可以想象以上的对话，学生们一排排地坐在那里，并且每个人都有个蜡板，左手紧张地拿着那块板子，右手急匆匆地将老师的对话记录下来。

难道蜡板只是给学生用的吗？当然不是。僧人们也曾用它记录下每天祷告的事项，不仅是僧人，诗人用它来编写自己创造出的诗歌，而商人们则将它作为记录的账本，有些男人会用它写下情话送给自己所爱的女人……不仅如此，蜡板也有精致和粗糙的差别。有些粗糙的蜡板只是一块不起眼的、被包上了外皮的板子，而有些却是用很好的红木制作成的，外表看起来也十分吸引人。在后期，更有人用象牙做成蜡板，这可能算奢侈豪华的。

而在13世纪的巴黎，有着一家专门制作蜡板的店铺。

可是，那么多的蜡板到底去了哪里？或许已经被毁掉了。如果放在现在，你想要购买一块罗马人所写的蜡板就要花上很多的钱。

想要买到一块这样的蜡板其实并不容易，因为罗马蜡板可以保存到现在的已经很少了。在庞贝城里，有一个叫作尤孔特的银行家，我们在他的房子里找到了很多的蜡板。那时，维苏威火山爆发了，并将这个城市和赫库兰尼拇城都毁掉了。其实，我们要因为这场火山爆发而感到庆幸，正因这次爆发才可以让这些蜡板保存到我们现在的时代。我们在赫库兰尼姆城所残留的火山灰下发现了罗马人的莎草纸，可现在也只有24卷了。

在很多时候，让人感到恐惧的或许并不是这些自然灾害，这些灾害比起匆匆流逝的时间根本就不算什么了。时间可以将一切都带走，包括人类的记忆，像是被抹去的文字一样，永远地消失了。

羊皮纸书

在一个莎草纸被众人熟知并且被大家使用的顶峰期，它出现了一个很难对付的对手——羊皮纸。

在很久以前，那些游牧民族就已经在兽皮上记录文字了。可是那些兽皮是怎样转变成书写的材料，变为现在的羊皮纸的呢？

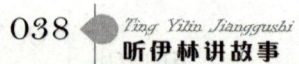

埃及的亚历山大图书馆中收藏着几百万卷的莎草纸书籍，图书馆位于埃及的亚历山大城中。这个图书馆很早就成为了世界藏书第一的图书馆。原因是托勒密王朝的所有法老都很喜欢将自己的图书馆扩大，并增加一些新的书籍。但在以后的日子里，小亚细亚的帕加马就追赶了上来，并且拥有了超越亚历山大图书馆的实力。当时在位的法老就想出一个办法来对付他们，并且是一个非常有效且不留后路的办法——他下达了一条规定：不对亚洲国家出口莎草纸。

而帕加马的国王同样也想到了怎样去应对，他命令了自己国家顶尖的制作工匠去发明可以书写的材料，来代替莎草纸。在以后的一段日子里，帕加马一直是全世界最好的，生产羊皮纸的地方，羊皮纸成功的发明就如同维护了帕加马国的荣誉一样。

其实，如果将莎草纸和羊皮纸进行一番比较的话，羊皮纸的优点还是不少的呢。羊皮纸的材料要比莎草纸结实许多，并且可以随意地进行裁剪，然后同莎草纸一样卷在木棒的上面。喜欢用羊皮纸的人变得多了起来，并且有人发现了它还可以折叠，就这样，他们将羊皮纸做成了书册，单独装订成书，这样最早的书册就这样出世了。

在制作羊皮纸的最初阶段要把牛羊的皮剥下，然后将它浸泡在水中，并且用刀将皮上的肉刮下来，再将皮浸泡在加入了炭灰的水中，因为这样可以去除上面的毛发。将毛发处理好后用白垩擦拭，最后放在岩石的下面，就得到羊皮纸了。羊皮纸的价格也是有

▲ 羊皮纸书

不同的规定的，越厚的价格就越廉价，相反，越薄的羊皮纸价格就越高。一些有着非常精湛手艺的制作工匠可以做出很薄的羊皮纸来。罗马有一位著名

的演说家西塞罗见到过一种薄纸,薄到一卷纸可以放进一个核桃之中。这着实让人惊叹。

制作工匠们需要将兽皮边缘那些不规整的地方全部处理掉,然后就可以制作很大的皮纸了。将成形的皮纸反复对折,然后装订,一个练习本就制作完成了。在以后的日子里,人们为了使用的方便就做成了不同尺寸的书,这也和兽皮折叠的次数息息相关。

羊皮纸还有一个优点,就是无论正面还是反面都可以进行书写,而莎草纸却只能用一面书写。可是就算羊皮纸有多少优点也无法将莎草纸从历史上抹去,莎草纸还被很多的人使用着。到底是什么原因呢?因为一般在写文章的时候都会用羊皮纸,可这些文章写好并且进入了书店后,就又会有人将它重新抄写在了莎草纸上。在那个时候,几乎所有的书都有着这样的经历:先抄写在蜡板上,再抄写到羊皮纸上,最后抄写到莎草纸上,读者们手中拿着的,大多都是莎草纸制作的。

随着时间流逝,在埃及的那些制造莎草纸的工厂也渐渐地变少了。阿拉伯人占领了埃及后,埃及就不向任何国家提供莎草纸了,这个时候羊皮纸才真正胜利了。

▲ 工人将羊皮切割,1568年的德国版画

时光倒退回几百年前,罗马帝国战败,输给了来自北方的野蛮人。那场战争已经将原本富丽的城池变得一片荒芜。可这样的胜利是不该让人感到喜悦的,在那个时候,人们的文化水平正在急剧下降着,羊皮纸虽然取得了胜利,却没有几个可以在上面书写的人,那么羊皮纸的存在还有什么意义?这简直太让人感到悲哀了。罗马曾经存在着的抄

书坊也随之消失了，只有在皇宫里才可以看到抄写员们那些精美的字，为的是完成外交，还有就是在寺庙之中那些为了别人的灵魂而在不停抄写着的僧人们。

那些僧人们在自己的房间中专心地抄写着，他们并不需要焦急，他们有足够的时间来完成自己想要完成的东西，僧人们抄写用的笔是芦苇或羽毛笔，在那个时候，鹅毛和乌鸦毛所制作成的笔已经开始被人们接受和使用了。

在这样的状况下，墨水也发生了改变，再不是罗马人和埃及人所使用的烟黑兑水了，而变成了一种能够保持得很久的油墨，这种油墨可以完美地渗进羊皮纸中，并且很难将它洗掉，这种"坚硬"的新墨水是绿矾和阿拉伯树胶所制成的。

你可能会提出疑问，这样的"墨汁坚果"是长在油墨树上的一种坚果吗？答案是否定的，在这个世界上你是找不到墨汁树这样奇怪的植物的。它只是橡树的根茎，叶子和外皮上的节子。当这些节子的汁液和绿矾进行混合后，就产生了一种黑色的液体。当然，在这样的基础上，可不能缺少阿拉伯树胶了，有了树胶，制作出来的墨汁也会更加浓稠。在俄罗斯的一个古抄本中还记载着制作这种墨水的方法，而与此同时，纸也"出世"了。

将橡树上的节子放进白葡萄酒里进行浸泡，或在热锅里加热，然后用力去挤压"墨汁坚果"，再用布料将其中黄色汁液过滤，倒入瓶中加入绿矾，最后将它放在温暖一些的地方，墨汁就这样完成了。

当你调制完墨汁后，你或许会觉得还不够浓稠，这个时候怎么办呢？不需要太麻烦，只要加入一些松香粉末就大功告成了。在古时所使用的墨汁和现在还是有一些不同的地方，它有一个特别之处，在刚刚书写的时候是没有任何颜色的，只呈现出一种很淡的灰色来，在经过一段时间后才会变成黑色。为此，要让那些写字的人也可以看清自己到底写了什么，就在墨汁中加入了一些颜料，这样就不会发生以前那样的状况了。

好了，让我们继续将话题转到僧人们抄写的故事吧！在每次抄写之前，

僧人就会用铅棒在书页上小心又仔细地画上格子，而那所谓的铅棒就是我们现在所用的铅笔的祖先了，直到现在，德国人还将铅笔称作铅棒呢！

在将格子画好前需要用一根尺子再画出两条竖着的线来，将这张纸分成两块，随后再一点点画出写字时所需要的横线。铅棒所画出来的线条都是淡淡的，可这样的色彩对于画这种格子来说再合适不过了。所有的都准备好了，僧人在进行过自己的祷告后就可以书写了。如果这个僧人绘画的本事不错的话，句子的第一个词的字母就会被这个人画成一幅画呢，就像是字母H，就会画成两个正在打架的小人儿。字母S可以画成两只同样在打架的公鸡。还有一些抄写员更厉害，他们就画一幅很完美的画当作第一个开头的字母。一切想表达的东西都可以画在上面，或许还会有你这一生之中根本没见过的会飞的牛，和鱼一样尾巴的鸟儿，埃及的狮身人面像，还有各种你想象不到的，形状奇怪各异的动物们。

可那上面的一些图案并不是用墨水所画出来的，而是用各种颜色勾勒出来的，当然，用的最多的颜色还是红色了。而我们现在所有的那些印出来的书都是一个颜色，可在他们的语言中还保留着这样的规矩——将每篇文章的第一段印成红色，称做"红行"。

现在的我们在书写文章的时候，一定会在每一段的第一行空出两个格来。但中世纪抄写员和我们是不一样的。他们书写时的第一行是超出了下文几格的，每段的第一行并不比下面的短，而是比它们长。

将那些开头的字母绘画完毕后，那些僧人们就开始进行抄写了。为了不将字写错，他们书写的速度是非常慢的。因为那

▲ 辛苦工作的抄写员

个时候所书写的文字是拉丁文，而懂得拉丁文的人又很少。去抄写一种自己所不了解的文字，经常会出现一些难以避免的错误。中世纪的手抄本里就会发现不少的错误，那些抄写员如果发现自己写错了就会将错误的地方刮下去。

那些刮掉错误的刀子和我们现在的也是不同的，它不可以折叠，并且刀尖的部分宽扁，乍一看去就如同一片叶子。在那个时期，因为羊皮纸是非常昂贵的，为了节省费用，那些抄写员经常把字写得十分密集。你可以想象得到吗？制作完成一本书竟然需要一群羊的羊皮！在一些时候，会有虔诚的人向寺庙中捐赠那昂贵的羊皮纸，那些人中有的是商人，有的是侠客，还有贵人，可这样的事情并不是常常发生的。

为了可以继续节省书写的空间，那些抄写员会将很多的语言简单化。像是耶路撒冷"JERUSALEM"可以简写为"JM"。

他们就这样不停歇地进行着自己的工作，每抄写完一本大约500页的书籍得需要一年的时间。因为做这样的工作需要长时间地坐在桌前，导致这些僧人们手酸背痛，眼睛也会因为过度的疲劳而流眼泪，可是他们却是情愿的，从来没有抱怨过一句。在整个抄写的过程中，圣萨巴斯顿会在旁边一直监督。他们每每写完一个字都会有一种感觉，就像是罪行得到了宽恕一样。恩多基努斯的那些修士们通常都有着十分谦卑的心理，因为他们觉得自己有着难以宽恕的罪行，如果自己不怀着一颗虔诚的心去进行祈祷，那么就不会得到宽恕，自己死后的灵魂就会被打下地狱。

就这样，时间无声无息地流逝着，那些僧人们也会因为过度的劳动而感到疲倦，有的时候他们只是想要偷偷地休息一下，但即使是这样，他会被认为是有罪的，出了圣萨巴斯顿还有其他的许多的恶魔们在看着他们。在之前的日子里，一个僧人说他竟然看到了长着老鼠的嘴巴和尾巴的一个恶魔。去思考这些事情以至于耽误了他们的工作，他们不小心将墨水的瓶子打破，墨水瓶在他的书上翻滚着，洁白的纸上沾上了黑色的污点。

就这样，僧人们终于完成了自己的抄写工作。恩多基努斯修士捧着那些抄写完毕的书籍，认真而深情地望着，那些书籍中两种色彩的墨水如同让他们看到了什么神圣的东西。这样的一本书简直花费了他无数的心血，在每个难以入眠的夜晚，就在这昏暗的灯光下，他不知疲倦地工作着，抄写着……无论环境是怎样的恶劣，无论窗子被风吹得乱响还是周围的坟地奇怪地响动，似乎在他的耳中只能听得见自己鹅毛笔沙沙写作的声音，一行又一行工整的字出现在了发黄的羊皮纸上。在这样看似艰辛的过程中，他写在羊皮纸上的那些密密麻麻的字母，仿佛可以将他所犯下的罪过赎轻。

那个恩多基努斯修士在书写的结尾这样记录道：

那些光荣的，正在忍受苦难的人们，希望你们可以记住这个有着深重罪孽的人——恩多基努斯修士。这本书里所记录下的和他所创造的所有功利，都是他亲笔记录的。希望这些可以洗清我所犯下的全部罪孽，可以让我走向通往天堂的道路。

在又经历了几百年的时光，抄写员终于开始被人们所雇佣了。而这些被雇佣的抄写员抄书的目地并不是"拯救灵魂"，他们只是接受人们的预定或是进行贩卖的书。

历史在飞速地发展着，而书籍也成为了人们生活中不可缺少的一个部分。市场上出售着各种各样的书籍，在五花八门的书店中不仅可以买到宗教类的书籍，还可以见到故事和许多有趣小说的身影。许多国家和城市都有着密集的往来，有一些抄写员便被雇佣去书写一些商业的信函，可他们没有过多的时间去一笔一画地去书写那些字，所以，原本在古书中那些清晰端正的字体，渐渐地变得潦草起来，不如从前那样漂亮规整了。

那些被其他人所雇佣的抄写员在完成了自己的任务后，依旧保持了从前的习惯，会在末尾写上自己的一些话。对于他们来说，虽然这样的抄写是一份买卖的关系，可抄写对他们来说还是神圣的，可在完成自己的工作后他们是绝对不会忘记去索要自己的劳动成果的。

下面出现的一段话就是来自德国祈祷书里的结尾，它这样写道："在耶稣诞辰的1745年之后，圣多马节之后的第十二天，有来自列支敦士登的一位苏黎世的居民赫凡尔，将这本圣典抄写下来了。我奉了马丁修士主任的委托才将它完成的，只有这样才能将他的家人，乡亲们的灵魂解救。这本书的价格为五十二盾，希望主保佑我。"

还有的抄写员会这样在书的结尾写道："终于把书写完了，会有钱了。"

有些抄写员的结尾比较欢快："我的工作完成了，赏我些小钱让我去喝点酒吧！"

我们了解了这么多，可古时候所谓羊皮纸到底是一副什么模样？让我们来看看吧。它们大部分都是非常厚重的书卷，并且有两块皮制的板子装订封面，看上去十分牢固结实。

大多人一定都看过硬的书皮吧，那么你是否知道为什么在书的侧面要有封皮呢？是的，相信既然有它的存在就一定会有合理的理由和一个专门属于它的故事。在那个拥有羊皮书的时期，书的侧面就已经存在封面了，并且它的用处是来遮住装订线的。那时的人们为了不让书的边缘被磨损和破坏，所以书的封皮都要比书的本身大上整整一圈，从外表看来，这个被包裹着的书籍简直就像是一个铜箱子。有些人还会在书的封面镶嵌一些漂亮的宝石和锁扣，这或许是因为这样的书太厚了，没有锁扣的帮助根本无法成功地将它合上。

除了那些在封面上镶嵌一些华美的宝石外，还有些人想出了其他的办法，他们用珍贵的彩色的羊皮，更有人用奢华的天鹅绒制作，还有的镀上金银再加上那些光彩夺目的宝石——当然，这些奢侈的书籍是为国王和王子这样的贵族而准备的。不仅封皮是这样，就连里面的书页也散发着光芒。现在也有一些流传下来的书是红紫色羊皮支撑的，名字也被镀上了金银。或许是过了

▲ 装饰精美的羊皮书

太长的时间,那些书皮变得很旧了,金银也不像是曾经那样有光泽了,可看着这书籍的样子,我们完全可以想象它以前漂亮的模样。

像这样有着华美包装的书籍根本不是一个人可以完成的,而是许多人一起努力的成果。一个人来制作写字的书皮,另一个人进行抛光,还有人来书写,绘画,下一个人进行校对,去修改那些因为粗心而错误的地方,最后一个人则负责装订。不要小看了僧人们,他们自己就可以将这些步骤全部完成呢。

现在我们每个人的手中应该都会有不少的书吧,但是在那个时期,书还是比较少见、非常珍贵的东西。在1770年,巴黎医学院里的那些书都是用铁链锁上的,因为这样就没有人可以将它们偷走了,由此可见那时候的书是有多么珍贵了吧?

纸的胜利者

在这样一个时代里,什么都在飞速地发展着,科学也毫不例外,就连当初风靡一时的羊皮纸也在岁月的长河中渐渐失去了踪迹,被我们现在所使用的纸张代替了。

2000多年前,中国人发明了造纸术并且学会了怎样去制作纸张。与此同时,古罗马人和希腊人还在使用埃及人发明的莎草纸。而中国制造纸的材料只是一些草、竹子的纤维和没有用处的废布料,将这些材料放入加了水的石臼里,捣成浆液,在把浆液压成成品——纸。中国人还用竹竿编制成了框架,用丝线织成网,这些就是来制作纸张竹帘的模型。当其中的水分被除去后,那上面就会只剩下薄薄的纸模了,将它揭下并铺得整整齐齐再放在太阳下晒干,最后叠在一起进行压榨,就这样做成了纸。

由此看来,中华民族真是一个让人感到惊叹的民族,从发明了纸张再到漂亮的瓷器,无论在哪个方面,中国似乎都向人们充分展现了自己所拥有的智慧和耐心,有很多他们所发明的东西比欧洲人还要早。

过了很久,这样的纸才渐渐地传入了欧洲,那么就让我们来看看,纸是如何被人所使用的吧!

公元704年的时候,撒马尔罕城被阿拉伯人所占领,他们从这个战败的国家中获得了许多胜利品,其中就包括造纸的秘密方法。随后,西西里和西班牙还有叙利亚等这些国家都被阿拉伯人占领了,这些国家之中也存在着造纸厂。在他们看来,最好的纸是一种很大的纸。在埃及,这个国家纸的种类是很多的,小的有可以绑在鸽子腿上那么小,大到整个亚历山城制造出的纸。

可无论是什么纸,都是用布块制作而成的,并且看上去有些发黄还带有一些黑色的斑点,如果你将这种纸拿到阳光下去看的话,就会发现,它们还是有些像布的。

又经历了几个世纪,欧洲才出现了第一个造纸厂,那时的人们将这个造纸厂称作"造纸作坊"。而在13世纪,这样的作坊也相继出现在了意大利和法国。历史学家们有时可以找到一些没有标明时间的古时的文献或手稿。可他们又是怎样知道这些手稿的时间的呢?下面我们就会说到了,这些聪明的学者们可以根据不同的颜色来判断,得到他们想知道的信息。

这其中的秘密又是什么呢?为什么只要看纸张的颜色就可以知道想知道的信息呢?

其实,所有的造纸人都会有一个专门属于自己的水印与标志。还有一些

不仅在上面印上自己的标志还会标明自己的名字和年份，这样的标志没有任何硬性的规定，可以是人们想象的任何东西，更是多种多样的。

可又一个问题出现了，那些标志和水印是怎样印上去的？纸质的工匠们用金属丝做成了自己想要的图案，接下来就会将纸放进一个带有金属丝的模型里。在这个时候就要注意了，那有金属丝网的地方纸层需要铺得薄些，所以只要透过阳光就可以看到那些金属丝网上会出现透明的条纹，这样就可以看到水印了。

在很早的时候，水印只是一个圆圈，你如果在一些古老的文献上看到了这样的圆圈，那么这张纸一定会是1301年的时候制造出来的。到了16世纪的时候，这样的纸才流传到了俄罗斯，是一个名为诺夫哥罗德的德国商人将它带来的。而这个时候，俄罗斯也开始拥有了自己的"造纸作坊"。纸张是由中国人发明出来的，它走过了撒马尔罕城、叙利亚、意大利以及德国，最后走到了俄罗斯，整个世纪几乎都有了它的足迹。而这样的纸张每到一个国家的时候，制作的材料都会发生一些变化，欧洲人所用的就是破旧的麻布，所有的材料都是根据自己的国家来进行一定的改变的。

在一开始的时候，还有很多人在使用羊皮纸，纸并没有被所有人所接受，它只是被用来记录没有多大用处的内容。可是纸的价格十分低廉，很快取代了价格昂贵的羊皮纸。于是纸的使用变得广泛起来，加工也越来越精良，也比从前结实了许多，越来越多的人用纸来做成书籍。可奇怪的是，那样一本用纸做的书籍，每隔几页，中间还是会出现一张羊皮纸——这是因为大众还是认为纸是不结实的。可在100年后，羊皮纸所做的书籍就少了，偶尔出现，就成为了很稀罕的东西了。

这样的结果似乎是可以预料的，羊皮纸早晚会被取代，这是历史发展必然会经历的过程。同样，随着时代的发展，商业贸易之间的交易也愈加频繁，许多国家和城市都有着来往的商人和队伍，他们将自己认为合适的交易在各个国家运行，而这个时候，需要纸的地方也越来越多了。这个时候已经不是只有僧人才认识字了，人们对知识有着越来越多的渴望，随处可见各种学府，满足那些年轻求学者们的需求。

在这样的时代，学生越来越多，对纸的需求量也大大地增加了，可是当时，许多学生连饭都吃不饱，经常饿着肚子，怎么可能去购买那些昂贵的羊皮纸？于是，纸简直可以说是他们的救星，让他们可以去使用那些廉价的书本。而现在可以抄书的也不仅仅局限于僧人了，加入了这个行列的，还有那些活力四射的学生们。

或许是纸的价格太过低廉，那些学生们不懂得珍惜，也失去了对书原本应有的敬意，他们总是随意在自己的书本上乱涂乱抹，更有的人会加上一些不好的话语。练习本上的字也不再去认真工整地书写了，学生们还经常在自己的练习本上画各种奇怪的图案来取笑自己的老师。

有一个学生，他的房间是在楼顶，里面的摆设很简单，一盏小小的油灯还在冒烟，它安静地立在一个破旧的桌子上面。这个学生的腰上缠着一个皮制的笔盒子，里面装着几支鹅毛笔，他就坐在那样的灯光下进行书写。这个时候已经是深秋了，屋子里十分的寒冷，他并没有任何可以取暖的东西。可怜的大学生原本想去码头上取一些木柴来用，却被守夜的人抓住并打了一顿。他现在只有一些硬硬的面包渣和冰凉的水，他只好饿着肚子了。他的头是光光的，说明他刚刚中学毕业。他瘦极了，身上的衣服也破烂得不堪入目，并且身上留下了很多的伤痕和淤青，这都是在鞋铺和那些学徒们争吵打架时留下来的。在他做学生的时候，他经常遭受到别人的欺负。

生活的艰苦是难以想象的。后来他成了一个辗转于乡村和庄园的流浪教师，但生活还是很艰难，那些少得可怜的工钱根本无法让自己生存下去。后来，他来到了钟楼工作，足足敲了6个月的钟，来召唤附近的居民做礼拜。他仿佛在不停地流浪，之后他又来到了城里并进入大学，那些同乡们叫他"长主教"，可那时他还是贫穷的，有时也会多做一些兼职，不过只是帮人去抄写那些赞美的诗句罢了。

一天,他正迷迷糊糊地回忆着曾经发生的一切,疲惫让他写字的速度渐渐变慢了,他太累了,以至于头栽到了桌子上进入了梦乡。桌子上不停地冒出黑色的烟来,有只老鼠在不停地叫着,这个小偷是来偷走这个可怜学生的食物的,可尚在沉睡中的他对此刻发生的一切浑然不知,他正在做一个好梦,他梦见自己终于戴上了那顶期盼了好久的学士帽了。

▲ 欧洲活字印刷术的发明者约翰内斯古登堡

在同样的时间里,德国的美因茨城中有一个叫作古登堡的人正在看着他所印出来的书籍。而这本书就是第一本由印刷机所印出的书,那上面的黑色字母是非常端正的,比那些抄写员抄出来的书要好看许多。只要短短几天,印刷机就可以将那些抄写员原本要抄上好多年的稿子印出来。

在印刷机被刚刚发明出来的时候,有一部分的书籍还是需要抄写员做的。因为最开始的时候印刷机没有办法将大写的字母打印出来,只能由抄写员抄写上去,可这样一来,书的成本就会被增加。所以就经常会发生这样的状况——有很多地方没有大写字母,可奇怪的是也没有人写上,就只是空在那里。这样一来,打印出来的"红行"要比其他的行要短一些。

而现在我们应该知道为什么"红行"会比其他的行要短了。以后的日子里,那些印刷出来的书籍和手动抄写的差别变得越来越大,那个时候印刷机已经可以印出抄写员难写出的很小的字母来,就这样,那些满是铅字的小小的书籍就将巨大的书籍给取代了。

印刷的书籍上是没有画家所画的图案的，那上面是一幅幅的印版画。只要使用机器，就可以在很短的时间内画出许多的印版画来。一些有钱的人将这些书籍叫作"穷人书"，因为书变得越来越廉价了，很多人都可以消费。那些有钱人会将印刷的书买来，然后让画家在上面的印版画中添上颜色，这样就可以将书的价格提高。

那些封一（也是前封）书名，逗号与页码都是在印刷机出现后，才有了它们的身影，你一定对它们的故事感兴趣吧？那么就让我们来了解一下吧。

▲ 古登堡的印刷厂的工人工作

在1500年前，封一出现了。那个时候还没有印刷书籍的机器，如果想得到一本书就需要去先预定抄写员去抄写，并不是直接去购买。而抄写员会在完成自己的工作后再在书面上写下自己的名字和地点。

可是，那些印刷商们就大不相同了。通常他们在那些书籍印刷完成后，为了保证书籍的销量就要吸引顾客们的眼球，于是他们想出了这样的方法。他们在封一上制作可以吸引人眼球的书名等等，并且可以让人一眼就了解到书的内容和作者信息等等。

可逗号又是怎样出现在这个世界的呢？在15~16世纪初的时候，威尼斯有一位印刷商马努修斯发明了逗号和目录。在逗号出现之前，只存在句号和感叹号。

而页码的出现也是在16世纪，从前，都是一些教士们来让抄写员抄写一些关于宗教的圣礼记，再或有些神学家请抄写员抄写那些神圣的作品，再到后来，就变成了后来所谓的巨著了。

可是这样的书经常受到冷落，它们被摆在角落里，很久没人关注。而通常畅销的书籍却是那些小小的，语言尖锐的有关政治与偏见的小说，这些罗马作家们的作品一般都是非常有销量的。可也会发生这样的情况——这些小说被罗马教士们发现了，他们就会无情地将这样的小说封杀掉。为了避免这样的情况，印刷商想了很多的办法，为的就是逃避那些检查书刊的人的眼睛，一般他们就会在前言的部分写一些其他的内容来保护后面所述的一切。

印刷的故事我们就说到这里，让我们来继续了解一下纸吧。纸可以说是极其重要的，没有了纸，或许印刷业也就不会出现了。印刷书籍的时候会需要大量的纸张，在一开始的时候，还有人试着用羊皮纸来进行印刷的工作，可最终还是因为纸低廉的价格，成功打败了羊皮纸。

印刷后，那些书籍全部都要运送到书铺去满足人们对知识的渴求，这需要大量的纸，用那些旧布来制作是根本不够用的，终于，在人们的努力下发明了可以用树木制作的纸。我们现在的纸都是用那些树木的木浆制作成的呢，只有一些高质量的纸会用布来做。但用眼睛看去，木头做成的纸和布做的纸是没有什么不一样的。如果你仔细地观察研究会发现，它们二者其实也有相同的地方，将一根木棍折断，然后从布里抽出一根丝来，你就可以观察到那些极细的纤维。纸也是一样的，将纸撕开并且对着明亮的地方观察撕开的部位，也可以发现同样的纤维。

让我们来看看制作纸张的过程吧！首先要将布和木料混合在一起捣碎，让它们全都变成小小的纤维丝，然后将其中的污渍和树脂都处理掉，再将它们铺成很薄的一层，纸就这样形成了。

你一定对其中的步骤感到好奇吧？那么我就来告诉你：

首先，要去收集一些破旧的布，那些穿破了的衣服和扔掉的床单都是可以的。在收集到这些布料的时候再将它们分类好，棉布，麻布和混纱全部分开，再装进口袋中运送到工厂去。

而这些从各个地方收集来的布料上沾染着不少的细菌，所以它们要经过高温的杀菌再晾干，并且将其中的灰尘除去。有一种专门去除灰尘的机器，可以让许多的布在一天之内就变得干干净净，这些被处理过的布会被放进切碎机中加工，没多少时间，你就认不出这些已经变得粉碎的布了。

而接下来就是将布里那些多余的东西去掉。这个时候，这些布就会被放进一个大锅炉中，加入强碱和石灰进行蒸煮，布就会渐渐地变白了，然后将它们放进一个特别制作的机器中，这些布就会变成纤维所构成的浆液。下面，一个大型的造纸机器就要出场了，纸的浆液会先被放进一个箱子中，这个神奇的箱子可以将里面掺杂的沙子弄出来。

这个时候，纸浆会经过一个不停震荡着的、带有洞的圆筒，这是一个可以过滤的装置，那些干净的纸张通过了圆筒上的洞缓缓地流到了一张网上，并且将它们向前方送去。就这样，潮湿的纸张被抖出来了，紧接着又会被传到一张布上，还要继续接受一整套排水装置。最后，那些原本湿润的纸张变得干燥起来，只需要接受工人的裁剪就好了。

看到这样的过程，你一定觉得造纸是一件索然无味的工作，这是你没有亲眼见过，如果你亲眼见证了整个过程，一定会觉得这是无比有趣的。

以木材为原料纸张的制作过程和这是差不多，不同的是将木材变成纤维与除去杂物所使用的机器不一样，让我们重新开始看一看。

寒冷的冬天，那些在森林里的树木被人们锯掉，他们将上面的树枝去掉，再用雪橇将这些树木拖送到已经冻得结结实实的冰河上去。随着时间的推移，天气也越来越暖了，原本冰冷僵硬的河水也开始融化，木头跟随着流动的水进入了大河中，工人们就会把它们排列出来，坐在木筏上向造纸厂前进，这就是运送木材的过程了。

可是在进入了造纸厂后，一切就变得不同了。他们要先将树皮去除并且弄得粉碎。分类这个过程似乎是不可缺少的，将分类完毕的它们放进酸液中进行蒸煮，事后还需要将上面的酸液清洗干净。随后，他们会将那些木材捣碎成纤维，并且见其中大块的挑出去，剩余的放进制作纸的网里。这样，我们在生活中常见的纸就制作出来了。

　　这种纸的好处虽然不少，却不大结实，造成这个缺点的原因是使用了漂白粉。为了让制作出来的纸张变得更加漂亮洁白，在整个制作的过程中就会加入漂白粉来漂白，这个具有很强腐蚀性的化学药剂会将里面细小的纤维破坏掉。曾经那些羊皮纸可以一直保存到现在，可我们现在使用的这种纸因为使用了漂白剂而变得脆弱，可不可以保存千百年还是一件未知的事情。

　　永远不可小觑了人类的智慧，对于一件看似无法完成的事情他们总是可以找到应对的方法来。1935年的时候，一名苏联的实验员就发明出了世界上第一本不会腐烂的书籍，可这种书籍却不是用纸制作而成的了，而是使用一种特殊的玻璃。这种特殊的玻璃并不像平时那样的脆弱易碎，并且上面的文字也不是手写的，而是溶进去的。这个玻璃纸只有一平方厘米，可你千万不要因为它的大小而看不起它，它是可以装下很多文字的。可它毕竟还是同我们平常的书不同，这样的书肉眼无法观察，需要借助显微镜才可以。

　　我们现在使用的纸张和当时世界上印刷出的第一张纸是不同的，当然，笔也和之前用的笔有着很大的差别呢。无论是过去还是现在，笔都一直保持着固定的称呼，没有改变过。随着社会的发展，笔自然也有它的变化。1826年的时候，梅逊就发明了可以制造钢笔的机器了，制作钢笔的速度越来越快，使用钢笔的人也多了起来，那种古老的鹅毛笔再也没有人去使用了。

　　这种变化还真是让人惊叹，在我们祖父生活的时候，他们使用的还是鹅毛笔呢。19世纪初，圣彼得堡中那些小官们还在不停歇地为自己的师傅制作着鹅毛笔。虽然那个时候的鹅毛笔看起来只是简简单单的一根鹅毛，可制作起来确实非常困难的，它对技术的要求很高，笔尖一定是又尖又倾斜的，中间还要被劈成两半。

　　那个时候还没有钢笔出现，一个人将鹅毛制作的笔尖镶在笔杆的上面。这就说明了笔杆的发明要比笔尖早，当然——或许还有同时出现的可能。

　　当然，铅笔的出现要比钢笔早一些。古人们在很早的时候就开始用铅笔写字了。制作铅笔的人是一个名字叫作孔德的法国人，他用黏土和石墨粉混合制作成了铅笔，这样的铅笔笔芯并不脆弱。可铅笔是怎样被组装起来的呢？先将一条木片上雕刻出凹槽来，再将那压制好的石墨条块放进凹槽之中，然后将另一个带有凹槽的木片放在上面，将它们粘在一起，就这样，一支铅笔就诞生了。如果想要使用这些铅笔还需要削好。可铅笔却并没有像钢笔和羽毛笔那样被人们长久地使用着，因为在一些地方，钢笔和铅笔已经被打字机代替了，或许不久以后，人们都不去使用笔了呢！

▲ 19世纪中期的钢笔

书籍的命运

在拉丁语中有这样一句话：每一本书都有着它自己的命运，可人的命运有时大概还不如书那样令人惊叹。

那些使用过莎草纸的国家是因为有人将它们深深埋在了土下才会流传到了我们这个时代，否则我们或许都没有了解它们的机会，我们应该去感谢将莎草纸埋葬的人。古埃及有着这样的一个习俗：在去世的人身上全部涂抹一种特殊的香料，再将人放进坟墓里去，随之被埋葬的东西中也会有这个人的书籍和笔记。因为这样的习俗，很多经典的诗歌才会一直保留至今。

在埃及的坟墓里或许还有着数量惊人的书籍，可那些没有被埋葬的书就没有这么好运了。在凯撒军占领了亚历山大后，那个埃及最大的图书馆就这样被毁掉了，什么东西也没有留下。这实在让人唏嘘！那么多珍贵的东西，都是许多抄写员辛辛苦苦抄写下来的，可现在留下的却只有一些残渣，就连那些可怜的灰烬都不见了。那些给人们带来了无数感动与快乐的书籍，现在也只留下了一个名字，逐渐被人们所遗忘。

许多书的命运也确实不简单，能存活至今的，却要感谢那些要销毁它们的人，毁掉了书籍的文字却不代表将书籍的本身全部毁灭。

如果在中世纪时期被发现羊皮纸上记载着对神灵不尊敬的诗歌或是对罗马历史进行了描述的文献，这些文字就会全部被刮掉，这也是为什么羊皮纸那样价格昂贵的原因了。那些字被刮掉后，会被重新记载一些关于圣灵的传记。

太多的书就这样被人们销毁了，幸运的是有人找到了可以让那些消失的字再次出现的方法。墨水不可能永远停留在羊皮纸的表面，它一定会渐渐地渗透进去，就算将表面的那些字迹刮掉，可想让那些痕迹消失得彻彻底底似乎不大可能。所以，只要将羊皮纸中放入一种化学溶液，那些被刮去的文字就会出现了，可它再次出现的时间是短暂的，这个时候只要用"墨水坚果"中所提取出的鞣酸就可以了，在许多大型的图书馆中都会有这样被恢复过来的稿子。

有这样的一个传闻，有一位学者在对羊皮纸进行恢复的时候故意将几本书破坏掉了，目的是将自己那些曾经在评论中所犯下的错误掩盖。可还是有人发明出了另一种化学药物，可以让文字再次短暂地显示出来，在这个时候只需要用相机拍摄下来，在将原来羊皮纸上的药剂处理干净就可以了。

科学在不断的进步，又一种高科技出现在了人们的生活中，这种方法可以不需要药水就将羊皮纸上原来有的字痕自己显现出来，这个神奇的方法到底是什么呢？那就是用红外线来照射羊皮纸，再利用感光板将那上面的文字进行拍摄。

有一本西班牙的古书就是通过这样的方式拍摄的。一个宗教法庭的法官习惯用浓褐色的墨水将羊皮纸上的那些字划掉，但是经过了红外线的照射，原来的字迹还是清清楚楚地出现在了人们的眼前。

或许那个法官觉得他划去的那些字是不会让别人知道的。书的敌人也是不少的，可它还是有一些友善的朋友，书的爱好者甚至到埃及人的坟墓中和一些废墟下去寻找书籍。

在这里我给大家讲一个比较有趣的故事，故事的主人公名字叫马腓伊：

一位旅行家到过维罗纳，他的游记中还记录了这个图书馆里所收藏着的数量很多的拉丁文羊皮纸卷。这已经是很久以前的事情了，可这个叫马腓伊是怎样发现这个图书馆的呢？马比伦与蒙福康这两个有名的学者都没有发现。可马腓伊并没有因为他们的失败而停下寻找的脚步，他也不是什么研究古文的著名学者，更不是那些可以鉴别手抄本的专家，他只带着一颗充满了热情与信心的心踏上了寻找的路途。终于他找到了维罗那的图书馆，曾经也有人来过，却是空手而归，马腓伊爬到了书架的最上面，他完全没有预料到，居然在书架的顶端放着那么多珍贵的手抄本，上面盖着厚厚的灰尘。马腓伊激动极了，他看着眼前的一切，几乎以为自己是在做梦。

关于书籍的故事还不止这些，书籍经历了无数的坎坷和艰难，几乎比人类的命运还要让人难以预料。在这样的路程上，那些书籍是那样的脆弱，有些却还能坚持到现在。

现在，我们所阅读的所有的书籍都是印刷出来的，你不仅拥有了它，并且很多人也可以同你一样拥有这本书，所以，将这些书籍保留下来已经成为了一件简单的事情。可是在古代的时候，每一本书都是那些抄写员们花费了心思仔细地抄写出来的，就是那样的书，还是有可以流传到现在，这简直令人不敢相信。

战争也是导致书籍被毁灭的原因。在经历过那么多的战争后，只有极少部分的书籍得以一直流传至今。那些经历了战场的书籍大多都是关于宗教的。这其实是有一些道理

▲ 为防止昂贵的羊皮书籍被盗，这些书用链锁锁在书架上

的，因为在寺庙里的所有东西都被小心翼翼地保存着，一旦发生了什么事情，一定会在最快的时间内将它们解救出来。

而在那个时候，故事书和小说就不会有这样好的命运了。在寺庙之中阅读这些书籍也算作一种不小的罪过呢，甚至收藏都要小心谨慎，千万不能让其他人发觉。曾经有一个僧人被院长发现他有一本关于此类的书，结果是这本书不仅被处理掉了，那个僧人还受到了很重的惩罚。

很多时候，一个国家和民族的命运也是通过书籍而显现的。书的作用极其广泛，已经不只作为传授知识的存在了。革命战争的时候，图书帮助了人民成功地推翻了禁锢着他们的制度。书完全可以让你更有理由选择哪一方，你只要进行翻阅就可以了解了。

在一家科学院的图书馆中我看到了1789年，也就是法国大革命前出版的法文的书籍，一些是巨作，封面和插画都是十分漂亮精致的。这些书赞扬了皇权与君主的主义，而还有一些书则是很小的，小到可以随意地放进口袋和袖子中，这属于革命者的书，之所以这样小巧是为了逃避检查，从那书的尺寸上来看就一目了然了。

在过去，人与书的命运似乎是连接在一起的。在16世纪的时候法国就发生了这样一件事情。1539年，印刷厂的工人们罢工了，这样的事情还是头一回出现在印刷厂中。那些排字的工人和印刷商对峙着，战争就这样发生了。在这个时候，一个名为多尔列的厂商加入了工人们的队伍一起反对印刷商们，可结果却不尽如人意，他们的要求还是被拒绝了，失败后的他们依旧每天要工作十五个小时。可事情并没有这样结束，多尔列印刷了许多无神论的书，他们在那些书里摘出了这样的话："死后你们的一切将消失。"印刷厂的商人们因此指控他有罪，他被指控否认灵魂存在永生。

因为"一切消失"，在经历了一场简短的审讯后，多尔列被判了死刑，他和他的书一起被燃烧成了灰烬。

这个故事结束了，它触动了我的心灵。

第02章
·书包里的故事·

书包里装着你的好朋友,它们来自遥远的西伯利亚的树林或者地底下的矿物。它们经过水和火的淬炼,还得在炉子、锅子和机器里待一下。一路走来,它们发生了巨大的变化,现在你已经无法一眼看出它们的本来面目了。

小小的铅笔头

当你还年幼的时候,就常常偷偷地翻开哥哥的书包瞧瞧。

你从那里面拿出识字课本来,因为你觉得上面的图画很漂亮。

但是,你最喜欢的还是那个没有窗子的小木屋。这个小木屋太奇怪了,原本应该有门的地方没有门:门没有安在墙壁上,而是安在屋顶上。所以,你经常要费很大的劲才能把这扇门打开。

这个小木屋里共有两个房间,一间又窄又长,另一间虽然很小,却很宽敞。

第一个房间里着在两个好朋友——一支"少年先锋队"牌铅笔和一支浅蓝色钢笔,钢笔杆上插着光亮的笔尖。而第二个房间里住着铅笔的助手——橡皮。它非常讲卫生,却总是为此而把自己弄得脏兮兮的。每次铅笔犯错时,它的助手就会不顾自己整洁的外表,立刻去帮它收拾干净。

书包里还有练习本。你也会用惊奇的目光去一探究竟。你很好奇,哥哥为什么能用钢笔在练习本上画出整齐美观的线条、圆圈和条纹呢?

现在,你自己已经是一名学生了。你拥有了自己的书包,自己的书本和练习本,自己的文具盒——里面装着铅笔、钢笔和橡皮的文具盒。

你每天在学校里学习怎么用钢笔写字,在白纸上,沿着碧蓝色的小路——格子线——来指挥它的一举一动。

然而,钢笔并不是太听话,总是

▲ 古式木质文具盒

不听指挥。它经常干出违背行为规则的事,而这个规则又十分严格——绝不允许歪歪扭扭地走到路外去。

▲ 蘸水笔

有时候,这完全是你自己的问题,因为你蘸的墨水太多了。瞧瞧,纸上出现了污迹。你应该赶紧去向"救护车"求援,它就是吸墨纸。

在你刚学会写字的时候,你的练习本上经常会出现各种各样的污迹。有一页上是一个蓝色的"湖泊",另一页上则是一片乌黑的"汪洋大海"。

相反,铅笔干净得多,不会弄出这么多污迹,因为它根本不用墨水。但就是铅笔,你也不会用主人翁的身份去对待它。你每次削铅笔,差不多都会削去四分之一。万一不小心掉到地上,把铅笔尖摔断了,就又得重新削。

你哥哥的铅笔会用很长时间,但对你来说,不到一个星期,一支铅笔就会变得又短又旧,变成铅笔头。你对待钢笔尖的态度同样如此。瞧瞧,它在你手里已经变成了一个跛子。它的一只足尖已经被折断了,比另一只短了一截。另外,它中间的那道缝也消失不见了。

不管怎么说,我们说过要告诉你铅笔的历史。

▲ 铅笔头

说到铅笔的诞生,要从高耸在西伯利亚美丽松树的诞生开始说起。这可不是普通的松树,而是西伯利亚特有的杉树。

你吃过杉松果吗?它的味道真是好极了,难怪松鼠那么喜欢它。事实上,叫它杉松果一点也不恰当。严格地说,它不是果而是种子,是人们从西伯利亚杉松的球果中提取出来的。

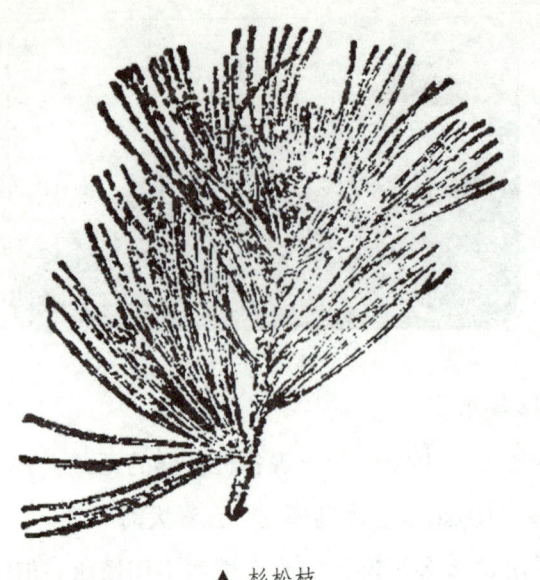

▲ 杉松枝

这种杉松的木料虽然很轻,但非常结实。人们一般用它来制作橱柜。用这样的橱柜,永远不必担心里面长蠹鱼,也许是因为蠹鱼受不了杉松木刺鼻的气味。

但是,西伯利亚杉松最值得称赞的地方是,它可以用来制造铅笔。学生们可以用这些铅笔来写字。

为什么西伯利亚杉松会得到如此高的荣耀呢?

因为它削起来很方便。西伯利亚杉松制造的笔杆,在用小刀削的时候不会起毛,不会难削,很容易就会削得平滑。

但是,光有笔杆,还算不上是铅笔。它什么都写不出来,只能在沙土上写字。如果用它在纸上写,一点痕迹都没有。

要想把笔杆做成铅笔,还要往里面加点东西,才能在纸上画出痕迹。

石墨再合适不过了。它像煤炭一样黑。难怪石墨和煤炭有亲戚关系呢!

和杉松一样,石墨也来自西伯利亚。而质地最好、最纯净、可以用来制作铅笔的石墨,只有在高山峡谷里有激流穿过森林和石滩的地方才能找得到。这些群山中,有一座山叫波托格尔山。在波托格尔山的深处,仿佛存在着一个巨大的石头宝库,里面藏着很多光亮柔润的石墨。

从西伯利亚到莫斯科的火车,把石墨和杉松木块运到了莫斯科的铅笔工厂里。

要做成铅笔,还需要一样东西——黏土。当然,这并不是一般的黏土,而是质地最好的黏土。这种黏土的老家是在乌克兰。

也许你会问:"为什么会需要黏土呢?我们是要制作铅笔,而不是砖头。"

黏土的作用就在于,它能使铅芯变得更坚硬、更结实。黏土的含量越多,铅芯就越硬。

正因为如此,铅笔就有了很多种不同的硬度。

如果铅笔上标着这样的字样:M,意思就是说它很软,也就是软铅。如果标着:T,意思就是说它很硬,也就是硬铅(这是苏联采用的标志。实际上,在苏联和很多国家,B代表软铅,H代表硬铅)。

单看铅笔的外观,不用写,就能知道写出来的字到底是什么样子的。

木头、石墨、黏土……你以为这样就能制造铅笔了吗?不,这当然还不够。还需要胶和油。掺胶的目的是把石墨的微小颗粒紧紧地粘在一起,不至于散开。掺油的目的是使这些小颗粒很容易就能离开铅笔尖,在纸上写出字来。如果不用油把铅芯浸透,写出来的字就会又浅又淡,看不清楚。此外,彩色的油漆和光亮的金属——铝——也必不可少。人们给铅笔涂上油漆,用铝则能使铅笔外面的字显得光亮。

现在,制造铅笔所需要的一切材料都被运到工厂里了。但是,要等到把木块变成正六角形的光滑木杆,把石墨与黏土、油混在一起后装进笔杆里,准备工作才算是真正完成了。那么,到底应该怎么做呢?

如果没有人类付出劳动,材料自己可没有本事变成任何物件。

要把石墨、黏土、木头、胶、油、油漆、铝做

▲ 石墨

成铅笔，人们必须亲手来完成。但是，具体的做法是什么呢？如果完全用手工来做，做起来实在太慢了，铅笔肯定会因为供不应求而价格昂贵的。

我们来计算一下现在在学的儿童数量。几百万！也就是说，他们总共需要几百万支铅笔。

没有机器，就无法满足他们的需求。

如果你有幸去参观生产"少年先锋队"铅笔的工厂，可以看到那里有许多灵巧的机器。

它们的动作是那么灵活、敏捷，在短短一天内就能生产300万支铅笔。如果把这些铅笔铺成小路，差不多和从莫斯科到列宁格勒的距离一样长。

在工厂的另一头，很多大型的机器正在把石墨和黏土掺和在一起。而在另外一头，已经制作完成的铅笔正在以非常快的速度从其他机器里，两支两支或四支四支地掉进箱子里，多得简直数也数不清。

当然，黏土、石墨和木头不会一下子就变成铅笔。它们在工厂里，从一台机器转移到另一台机器的旅行，其实就是一条不断变化着的链条。

黏土和石墨混合在一起后，一会儿被研磨成粉末，一会儿成为圆形的粗棍，一会儿又成为黑色的细条。你可能一时无法明白，做这些事到底目的何在。

原来，做这些事是这个原因啊。

黏土和石墨最开始被碾碎，掺上胶，再磨成粉末，就是因为用这种粉末可以做出铅芯。

但即使是成了粉末，石墨和黏土的小颗粒之间并没有完全贴合，还留有尘屑和气泡。如果不能彻底清除它们，做出来的铅芯就容易折断，用铅笔写字的时候就要不断地去削尖。

为了赶出气泡，就要使劲地压粉末——当然不是用手来压，而是用力气非常大的机器——压榨机。然后，就能得到圆形的粗棍了。

为了清除缝隙间的尘屑，人们用粗棍压过孔非常小的筛子。这样一来，尘屑留在了筛子上，细小的石墨颗粒和黏土颗粒却通过小孔掉了下去，于是就得到了黑色的细条。然后，再把这种细条做成粗棍，尘屑和气泡就被完全清除干净了。接着，就可以把这种粗棍制成铅芯了。

但是，怎样才能把粗棍做成铅芯呢？要做成铅芯，粗棍就要压过细小的筛孔。简直太令人难以置信了，这种粗棍竟然能够穿过这些小孔。只不过，穿过去后，它就变得很瘦了，成了一条细长线。然后，把线分隔成一小段一小段的。不过，这些小段非常柔软，不能用来制造铅笔。应该把它们晾干，而且放在炉子里烤，它们才能变得更硬。然后，用油浸泡它们，写出来的字迹才能更清楚，不会暗淡模糊。

瞧，在成为放在铅笔里的铅芯的过程中，石墨发生了多么惊人的变化啊！

▲ 铅芯

这时候，杉松木块的变化也非常大。机床迅速地把木块切成大小一致的木板，并在每块木板上刨六条凹槽，以便同时放六条铅芯。

现在，西伯利亚的石墨和乌克兰的黏土终于见到了西伯利亚杉松的真面目。铅芯被放在了木板上早已准备好的凹槽里，还会在上面放一块一模一样的木板，像盖子一样盖起来后，再把两块木板粘在一起。

做这些事也不是用手完成的，而是用机器。

就这样，六支并排在一起的铅笔诞生了。

它们日后将有各自不同的生活，因此应该把这些血脉相连的孪生兄弟分隔开。

这同样要依赖机器。它把木板切成六支六棱的木杆，在每支木杆里放一根铅芯。

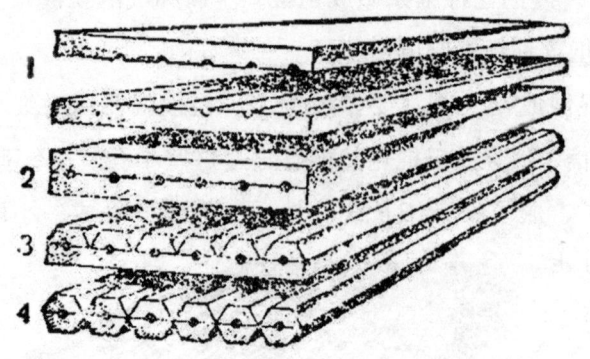

▲ 杉松板变成铅笔的步骤：1.在两块木板上挖一条凹槽；2.把铅芯放入凹槽，把木板粘在一起；3.木板通过机床后，已经可以看出六支铅笔的样子了；4.木板已经变成了铅笔

虽然它还没有涂颜色，还很粗糙，看起来不太美观，但这已经是铅笔了。

如果想使它变得更漂亮，就应该把它送到其他机器里，这些机器能把它打磨得很光滑，还能给它涂上彩色的油漆。

接下来，铅笔就要进入最后一台机器了。在那里，它的外面会被覆盖上一层光亮的、像纸一样薄的铝箔，然后上面还要被烫印上一行商标。也就是我们后来看见的一行发亮的字——少年先锋队。

铅笔做成了，有了名字，离开工厂后被送到了商店，然后从商店跑到你的文具盒里。它只是一个出生不久的"小婴孩"，就已经成了少年先锋队员，还去上学了。

你可以仔细看看铅笔的顶端。瞧，它明显是用两个半片粘在一起而形成的。从这些痕迹，可以大致地看出它在工厂里的变化。

至此，你已经知道制作一支铅笔是多么艰难的事了吧？

为了让你写字和画画，多少能干的工人付出了辛勤的劳动啊！比如，西伯利亚的伐木工人和开采石墨的工人，乌克兰的挖土工人，莫斯科铅笔工厂的工人。此外，还有许许多多其他的人，比如，铁路工作人员、机器制造工人、开采金属矿的工人、炼钢工人。他们都为了让你有铅笔写字而劳动着。

至于铅笔的发明过程，我们到现在还只字未提呢。古时候，根本不存在这样的铅笔。画家画画用的是银条，学生写字用的则是真正的铅条。但是，用铅条写出来的字颜色很浅，模糊不清。

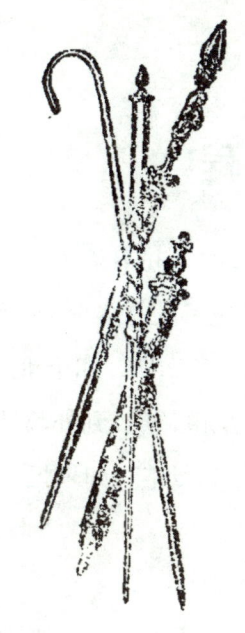

▲ 三百年前，人们就是用这种银条和铅条来写字或画画的

再者，把它拿在手里也不舒服。人们用皮套把它裹起来，铅条被磨短的时候，就要把皮套的尖端也切掉。

直到现在，德国人还按照老习惯把铅笔叫作"铅条"。

后来，人们知道用石墨来取代铅，为了使石墨不至于太软，他们又为此花费了大量的时间和精力。

他们先是尝试着在石墨里加入硫磺，却发现它变得更脆弱，非常容易断。

他们又用黏土取代硫磺，问题才终于解决了。

至于这些制造铅笔的灵巧的机器，要发明它们该是多么困难啊！准确地说，应该是机器替人工作，它必须自己会混合、研磨、刨削、粘合、涂色。

瞧瞧，铅笔的历史多么悠久啊！

如今，你已经知道了它漫长的历史，肯定会更加珍惜和爱护它。

削铅笔时一定要小心，不要随便就涂写，最好买一只笔套，免得它摔到地上时笔尖会被折断。

如果没有笔套，那就应该让它在完成任务后回到自己的小屋子——文具盒——里去，千万不要随处丢弃。

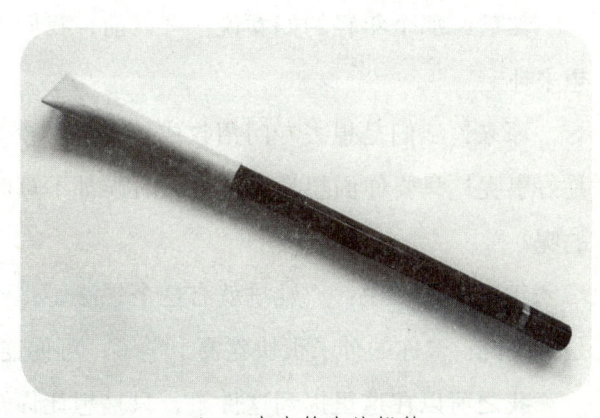

▲ 一支有笔套的铅笔

练习本的复杂旅程

每年，你都会在开学前几天去学校领取练习本和课本。并不是只有你一个人这样做，一个班上的很多人都是这样做的。你们学校里一共有多少个班级，恐怕一下子说不上来。仅仅是一年级，就分成了一、二、三、四，四个班。

而学校又有多少呢？我们全国有成千上万个城市和乡镇，学校到处都是。大约有成千万的学生正在上学，他们每个人都需要书和练习本。如果把所有这些书和练习本放在一起，你会看见一座高大的纸山。

要知道，我们并没有把所有的学生都计算在内。

就在不久前，有两个妇女来到学校。其中，年轻的一个抱着一个刚满周岁的小女孩。另外一个白发妇女则牵着一个三岁的男孩子。

女老师微笑着问："这么小的孩子怎么能来学校上学呢？你们应该把女孩子送进托儿所，把男孩子送进幼儿园。"

白发的妇女却说："不是的，来上学的是我们两个大人。我想上七年级，我的邻居想上十年级。您知道哪里有成年人上学的学校吗？"

然后，那个年轻的妇女说："以前，我们没有从学校里毕业，所以现在想来补上。"

原来，她们是想去专门招收成年人的学校学习，于是女教师说："这可是好事呢！只要你们想学习，什么时候都不算晚。那么，是谁让你们来学习的呢？"

年老的妇女说："她早就有这个想法了，而我是受了女儿的激励，她总是羞我说：'你的孙子很快就要上学了，可你连七年级还没念完呢！'"

我之所以在这里提到这件事，只是想让你知道，我们全国有很多人都在努力地学习，只不过不同的是：有的在上小学，有的在上大学，有的在上技术学校，有的在上职业学校。不光是你，他们每个人都需要练习本。

你也许会觉得练习本看起来很普通。但是，要把它制造出来并不容易……你也许还不知道练习本的制作过程和所需要的原料吧？

第一个出场的是锯……

这关锯什么事？难道练习本是用锯来制作的？太不可思议了！

原来，锯的作用是在森林里锯云杉……

▲ 用来做练习本的云杉

这关云杉什么事？难道练习本是用云杉来制作的？太不可思议了！

没错，练习本就是用云杉来制作的。先把云杉锯成一小段一小段后，再用斧头去掉它的绿色枝条和尖锐的树梢。练习本不需要针叶和球果，树皮也派不上用场。

制作练习本用的不是球果，不是针叶，不是树叶，而是云杉的树干……

真的吗？这关树什么事？我们都知道是用树干来建造房屋，还能用树干来制作练习本吗？

要知道，房屋和练习本，完全是风马牛不相及的两个事物。实际上，要用树干来制作练习本，应该先把它劈成一片一片的……

这还和木片有关系吗？木片不是用来放在炉子里烧的吗？

这里也有木片，但不同的是，它们主要是用来熬成粥的。

用木片熬粥？对，你没听错！那么，是谁发明了用木片熬粥的方法呢？

当然是对它有所需求的人发明的。想熬成木片粥，就要把它堆在锅里。这里的锅简直和房屋一样大，可不像你家厨房里的锅。

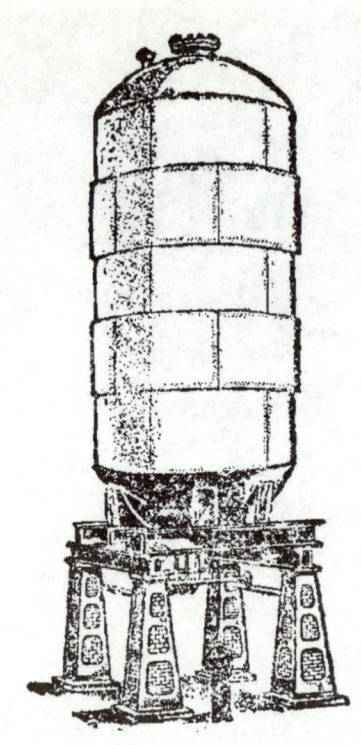

▲ 在造纸厂里，木片粥就是在这样的大锅里熬制的

记住，我们熬的是木片粥，而不是米粥。熬粥用的不是油，而是酸。如果没有酸，木片粥可就熬不成了。

经过长时间的熬煮，木片在锅里很软了，成了纤维。然后用力敲打纤维，使其散开并磨碎，这样才能让它变得更细小。

真正的木片粥就熬好了。不过，你也许不会吃它。因为它一点儿都不好吃，而且也不是为了吃才熬它的。我们是用它来造纸的。

纸是用粥制作的？会有人相信吗？

如果有人不相信，可以亲手做一个试验，这个试验非常简单。你拿一张纸，沿着边缘撕掉薄薄的一片，然后把薄片放在亮光下仔细地看。这时候，你会发现纸并不像我们肉眼看见的那样密不透气。它看起来和一张毛毡差不多，就像是用细纤维交织而成的。这种纤维实际上就是云杉在锅里被熬得稀烂后得到的东西。

然后，把这张纸撕碎后放到水里捣得粉碎。纤维被捣得稀巴烂，纸浆就出现了，和工厂里生产纸的纸浆一模一样。

其实，用纸来得到纸浆的办法很简单，几乎没有什么技术难度。只要把它捣碎就大功告成了。但是，纸浆是怎么被做成纸的呢？

现在，我们就来解开这个难题。

要做成纸，就要先把纸浆搅拌均匀，使里面的纤维充分地交织在一起。然后把它碾成薄薄的一片，这和用面团做面饼相似。

就这样，又湿又松的纸张就做成了。

但是，纸张不应该又湿又松，而应该干燥结实。也就是说，还要去除它里面的水分：把湿润的纸张里面的水分用力地挤掉，然后把它晒干。

现在你看看，这么长的一条链条就出现在我们面前了：用云杉树做成了木头，用木头做成了木片，用木片做成了纸浆，用纸浆做成了纸张，用纸张做成了练习本。

如果你想要纸张变得坚固，恐怕就不是用木头来做，而应该是用破布来做了。破布最初也是要放在锅里熬，只不过不是往里面加酸，而是往里面加碱或石灰。把破布熬成纸浆后，纸浆就可以做成纸了。

把破布和水一起放在大石臼里捣碎。这个过程需要花费非常多的时间，要直到在纸浆里看不到一团团的东西和布片为止。把纸浆倒进一个四方形的模子里，这个模子其实是一个框子，它的底是用金属丝网做的。用力地摇晃模子，这样才能使得纤维更好地交织在一起，这也需要很长时间。在摇晃的过程中，水不断地漏过网眼，流到下面去。留在网上的就是湿湿的纸张。轻轻地把纸张揭下来，放在木板上用力地按压，在木板上放一块大石头，再放到太阳底下晒干。

▲ 古代的造纸作坊

为了标明纸的制造者名字，技师会把金属丝弄弯，做成字，装在模子下面。与其他地方相比，有字的地方更薄。如果拿着纸张迎着亮光一看，就可以看到好像是用水写的透明字体，也就是技师的名字。

也有一种情况，如果纸张上没有字，就会用某种东西的象形水印取而代之。

每个技师都有自己专用的水印,比如,有的是塔,有的是飞狮,有的则是手套。

那时,纸张的价格非常昂贵。因为它的制造工艺确实很复杂。

为了更快地提高工作效率,人们决定请求河流的帮忙。他们的想法非常正确,既然河水能在磨坊里研磨谷物,为什么不能用来研磨破布、摇动模子呢?

听老人说,很久很久以前,在我们这里离莫斯科不远处,曾有一座水磨坊。它就在帕哈腊湖畔,人们主要用它来磨谷物。它旁边还有一座纸磨坊。后来,谷物磨坊的工人充当了造纸技师的助手。

两个磨坊邻居每天都工作得非常愉快:一个负责磨面粉,用来烤面包;另一个负责造纸,人们用来写字。

然而到春天,洪水从山上倾泻下来,堤坝被冲毁了,纸磨坊也被毁于一旦了。

没办法,只能再修筑一座纸磨坊,就在亚乌兹河岸上。

当圣彼得堡——也就是后来的列宁格勒——

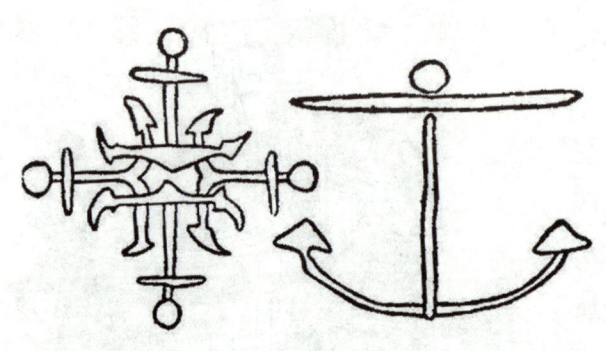

▲ 彼得一世时期,彼得堡制造的纸上的水印。

建成的时候,人们也开始在这里造纸。

彼得堡的纸磨坊开工后,沙皇彼得一世就在第一时间向老百姓宣告了这个消息,目的就是让大家都来买纸。

那时,通报员和鼓手在各大街小巷随处可见。

先是鼓手用力地敲鼓。人们听到声音后从四面八方赶来看热闹,通报员就会大声地向他们宣布,奉沙皇的命令,伽列尔宫旁边建造了一座磨坊,如果谁要买纸,就可以去那座专门制造舰船的海军部工厂。

纸很结实。水印上的图案是一只和新首都的市徽一样的锚。只不过,纸的价格非常昂贵，普通人根本买不起。

说到这里，你应该知道古代的学生为什么没有练习本了吧？但是，他们是怎样写字的呢？学生去上课的时候，都会随身带着石笔和石板，石板其实就是一种很容易削成薄片的黑色木头。

现在，只有在学校里才会在黑板上写字，这块黑板比石板大得多，并且只有一块。不过在以前，每个学生都有自己的小黑板，用石板来写字而不是练习本。

当然，用石板并不是很方便。当石板上写满字后，要想再写字，就必须擦掉之前的字。因此，就再也看不到昨天或前天写的内容了。

用纸写字，就不会存在这样的问题了。写在上面的东西，它可以完好无损地全部保留下来。就像古语说的那样："用笔写的字，即使是用斧头，也砍不掉。"

但是有一个问题，只有等纸的价格便宜时，每个学生才能用上练习本。而纸的

▲ 写字的小石板

价格便宜，只有等到造纸的大机器发明出来以后才行。

现在，我们的纸都是在大规模的造纸工厂里制造的，完全是用机器来操作的。

从云杉还好好地生长在树林里开始，所有的工作其实都是用机器完成的。电锯把树木锯断后，接着集材拖拉机会把木材运到河里。木材分散着或者被人编成木筏在河里漂到下游。当它们漂到工厂的时候，就会被一台"大个子"机器——起重机——捞起来，并且整齐地堆放在岸上。

然后，木材就好好地躺在工厂里了。紧接着，另外一些机器正在那里等

▲ 这就是现在的人们用来锯云杉的电锯

着它们：多锯机床把它们切割成一段段的木头，剥皮机剥掉树皮，劈木机把成段成段的木头劈成一片一片的木片。之后，木片会被扔到锅里。等木头从锅里出来时，已经被洗掉了污渍，变得很白，就会被放进另一台机器，在那里被彻底打碎，变成纤维。接下来，做成的纸浆会进入最后一台机器。

这可是一个名副其实的"大家伙"，你从来没有见过块头这么大的机器吧！为了让你知道它到底有多大，我简单地打个比方：和它相比，一个普通的房间简直就像是鸟笼，而它就是大象。我猜想，它大概需要一间更大、更宽敞的大厅。

如果从机器的这头往那头看，一眼望不到头。

它为什么会那么大呢？原因其实很简单。因为这台大机器里还装了许多小机器。每台机器都在它的指示下有条不紊地做着自己的本职工作：一台机器负责使纤维充分地交织在一起；另外一台机器负责把纸里的水分挤出来，并且和它一起运行；第三台机器也忙得不亦乐乎，它的主要任务是把纸张放在一对对灼热的滚筒中，把它们熨平，这样它们才能变得完全干燥、平滑。

在机器的那一头，制作完成的纸张都被卷到一个轴上——这个纸筒看起来非常大。

技师一边站在这台造纸的大个子机器旁边，一边不由自主地冒出这样的想法：这长条的纸带子在机器里转得越快，生产出来给学生用的纸就越多。

他按一下机器上的某个按钮，指示速度的指针就会往右摆。一分钟，纸带子就能运行250米，也就是说，每分钟都有250米纸被制造出来。

大机器不停歇地运转着,发出的轰隆隆的巨响越来越大。纸带子上还冒出了浅蓝色的电火花。与此同时,被卷在机器末端轴上的纸卷筒也在飞快地转着,像滚雪球似的,变得越来越粗。

这时,技师会想:机器还能不能转得更快呢?

他又按了一下按钮——上面写着"更快"的字样。几乎在一瞬间,仪器上玻璃下面的指针迅速地指向右方。瞧瞧,它已经指到红线上了——上面标着275米。这已经是最快的速度了,不能再快了。如果勉强使机器继续加速,纸的带子就会断开,还会把电动机弄坏。

下班后,技师和他的同事们聚在一起开会,主要是为了讨论怎样改进机器,让它的速度超过红线标注的速度,因为全国需要很多很多的纸张。他们讨论了很长时间。

那么,技师的讨论有结果了吗?没错,他们成功了!现在,我们的很多机器每分钟都能卷出350米,有的甚至更快……

严格地说,现在在我们面前的只是卷筒纸,还不是练习本。它是那么大,

▲ 我们可以看到已经制造成的纸源源不断地从造纸机里面出来

那么重，你根本就推不动它。那么，怎样才能在上面写字呢？如果把它平铺在地上，相当于从你家里到学校的距离，你甚至可以从这条用纸铺成的路上走着去上课。

如果想在上面写字，就要把它切成一小张一小张的，画好线后装订起来，然后再安上封面。

人们在做这些事时如果完全是用手来做的，当然不太划算。虽然纸的价格很低，但是把它制作成练习本的成本却变高了。

还是让机器去做更划算。

这种专门为你的兄弟、为广大学生们制作练习本的机器已经诞生了，并且它们正在加大马力飞速运转着。

一般来说，造纸工厂都建立在临近森林的地方，旁边还有一条大河。比如，在苏联，一个规模很大的造纸工厂就建在卡马河畔。

不同的是，练习本可以在任何城市的任何地方生产，甚至还可以在一棵树都没有的草原上。

离开造纸厂后，卷筒纸被送进了制造练习本的制本工厂。在途中，它会被装在火车上，或者是有顶篷的车厢里，就是为了防止它被雨水淋湿。

人们早已在制本工厂里等候它的"大驾光临"：欢迎你，我亲爱的朋友！

对造纸工厂来说，卷筒纸的生产是最后一道工序，而对制本工厂来说，它意味着一切工作的开始。首先，自动切纸机会把它们切成一张一张的，然后，迎接它们的会是多面手的技师。

如果你能亲眼看看制本机是怎么工作的，你大概会以为它什么都懂。

比如，如果是制造做算术用的练习本，机器先是画一些横线，然后再画一些竖线，带有方格子的纸就做好了。

如果练习本是给高年级的学生用的，机器就会在纸上画单格线；如果是给低年级的学生用的，机器就会在纸上画三线格。

纸的这面画好后，接下来会把纸反过来画。都画好后，就可要把大张的纸切成小张的,并且每六张数一次。它在做这项工作时从来没有出过错,就像它会算术一样。

每当数到六张时,它就会前进一步。与此同时,封面已经在六张纸的下面放好了。这些封面同样是机器用纸张做的。

只是把封面放在纸上,还不是真正的练习本。而应该把六张纸和封面一起,再沿着中线对折。你知道的,从机器里面出来的纸张的面积最初是练习本的两倍,和练习本完全打开时的一样。

制本机器无所不会,比如画线、折叠、裁切。不过,它可没有学过缝纫。装订练习本时用的是另一台机器,得去另外一层楼才能完成。

在那里,你看到的不是一台缝纫机,而是很多台。

我们在家里缝衣服时都是用的线。但是,在制本工厂里,缝纫机都是用铁丝来缝练习本的。机器一打开,马上就会在两本练习本上戳四个洞,并用四个亮亮的铁丝钉把它们缝在一起。

这些小钉子你并不是第一次看到,它们的主要职责就是防止纸张散开。如果你想从练习本上撕下一页叠纸飞机,小钉就会牢牢地抓住纸张不放。它们就像是在告诉你:别动,千万不要把练习本撕坏!

制本工厂从早忙到晚。它一天的劳动成果,足够满足很多学校半年,甚至一年的需要。

在你面前,桌上放着一本干净的新练习本。它一言不发地躺在那儿,没有向你诉说早在很多年前,它还是云杉的时候发生的趣事,也没有告诉你松鼠欢快地在云杉上跳跃的情形。

▲ 练习本

当然，练习本也不会告诉你这些事，比如，云杉在河里漂，在锅里煮，奔走于各台机器之间，在全国的很多地方都留下了它的"足迹"。

在变成这本练习本或这本练习本的姐妹之前，云杉的经历真的是丰富多彩。现在，它成了练习本，它的未来就交到你手里了。

如果你用一些整洁美观的字写成的诗句装扮你的练习本，少言少语的它一旦开口，也会十分有韵味。

如果有人把它翻开，你写在上面的东西就会被那个人看见了。有了它，你可以更好地学习，而且也会变得更聪明，更有学问。

小折刀的故事

每个学生都希望收到这样的礼物——一把崭新的、闪闪发亮的小折刀。

当然，小折刀的样子有很多种。最简单的一种，是只有一把刀子的那种。还有一种，不仅有两把刀子，还配备了拔塞钻、螺丝起子和小锯。这样的折刀用途更多，家里有很多地方都能用得到。

▲ 好的折刀就是多面手的技师

比如，父亲修理电门的时候，会问：螺丝起子在哪里啊？在儿子的小折刀里。

母亲要打开罐头盒子的时候，也会问：开罐头盒子的刀子在哪里啊？在儿子的小折刀里。

天啊，这根本不是一把简单的折刀，明明是一个多面手嘛！

不，这分明就是最简单的小折刀——虽然只有一把或两把刀子,但工作起来也毫不含糊。

它可以帮你削铅笔,它可以帮你削断树枝来烤篝火,它可以帮你给马铃薯削皮。

如果正好遇到心灵手巧的人,它可以帮他把木板变成船舶,把芦苇变成笛子,把木头削成拐杖,还能在绿色的树皮上雕刻出精美的图案。

为了帮我们人类分忧解难,小折刀要做的工作非常多。不过话说回来,为了制造小折刀,人们确实也费了不少工夫。

一把小折刀,从来都不是一个技师单独的劳动成果,他不可能一个人完成这项复杂的工作。折刀是好几十个人劳动的结晶。比如,开采矿石是采矿工人的工作;把矿石炼成铁是高炉工人的工作;把铁炼成钢是炼钢工人的工作;把钢制作成刀子是金属制造工人的工作。他们不在同样的地方工作,彼此之间甚至从来没有见过面。但实际上,他们做着同一件事情:按照程序,一个人最先开始工作,接着是第二个人,然后第三个人完成收尾工作。

苏联的乌拉尔有一座叫马格尼特的山脉。无论白天黑夜,那里一直都是轰隆隆的,就像在不停地放炮一样。这其实是采矿工人爆破那发黑亮的石头——矿石——所发出的声音。

矿山的斜坡从外表上看起来是一层一层的,就像是用刀砍出来的阶梯一样。很多大机器沿着台阶不停地走动,它们下面都装有履带。每台机器都长着一支长臂,臂上则挂着一个长着齿的铁斗。

坐在机器的小屋子里的就是司机。他一下子扳动这个手柄,一下子又扳动那个手柄。在他的指挥下,机器就像是一个听话的孩子一样,一会儿向右转,一会儿向左转,要么放下它的长臂,要么抬起它的长臂。然后,机器会转向另一边,用挖斗把矿石挖起来,再把它倒进旁边的车厢里。司机扳动一下手柄,挖斗的下面就立刻打开了,仿佛一只野兽张开了血盆大口一样。机器把矿石倒进车厢里以后,就会再返回去继续装矿石。

就是这样,一车厢一车厢里都被矿石块塞满了。

▲ 挖土机从地底下挖出矿石后把它倒进了一个个车厢里

这时候，电气机车来了，很快就会把装满矿石的车厢送去工厂。

在工厂里，一排排像高塔一样的高炉耸立着。每座都和十层楼房一样高。

接着，矿石从车厢里被倒进一只大漏斗里，然后再从漏斗里被倒进小车里。小车沿着斜桥，飞快地来到高炉的顶上。

一辆又一辆小车排着队往上跑，把高炉需要的所有东西都倒进了高炉，比如，矿石块、石灰石、和煤一样黑的焦炭。顺便说一下，焦炭其实是用煤做成的，所以和煤一样是黑色的。

之所以会在高炉里加入焦炭和石灰石，就是为了帮助它从矿石里炼出铁来。

高炉里的温度非常高，连石块也会被熔化。如果从炉上封闭的云母小窗看里面，就会看到里面是白热的焦炭块以及顺着它流动的火一样的铁水。

每过四个小时，工人就会按一下按钮。于是，巨大的电动锤就会把塞在靠近炉底的小孔里的黏土清除干净。

很快，一股铁水会奔涌着流进早就准备好的槽里，它冒着刺眼的火花，让人眼睛都睁不开。

看这情形，就像是一股液体的火在涌动。但是，这不是真的火，而是被熔化成水的金属——生铁。

高炉下面有一个非常大的装着轮子的铁水罐，火红的铁水会从高炉里流到这个罐里。

接下来，开动起来的机车会把这个罐运送到炼钢车间去。

要把高炉上的小孔重新堵住。工人按了一下另一个按钮，电炮里就会飞出一大块黏土，于是这块黏土就会把这个小孔堵得严严实实的。

生铁被炼成后早就被送到炼钢的平炉那儿了。

和高炉一样，这个炉子也有一个小小的窗户。

如果透过这个小窗户往里看，就会立刻觉得眼睛刺痛。

▲ 这就是把矿石炼成铁的炼铁高炉

炉子里简直是一片火的海洋。火的波浪在海面上翻滚。在火红的火焰的照射下，整个炉子显得非常亮堂。

在这里，人们可以扔任何废铁进去炼，比如机器碎片、生锈的轮子、铁轨、铁梁，统统都可以。

垃圾堆里躺着一个旧轮子，似乎一点用处都没有了。

但是在工厂里，把它丢进炉子里，它就会和所有的废铁熔化为一体，就像糖块在一杯茶里化开一样。

一个物体的生命就这样画上了句号，但与此同时，却开启了另一个物体的生命。

在熔炉里，生铁、矿石和废铁的牺牲，却换来了新的、发亮的、弹性十足的钢。

有了钢，就能制造折刀和很多别的东西了，比如斧头和锯子，钢轨和钢梁，机床和机器。

但是，从刚刚炼成的钢水到折刀，中间还有相当长一段路程要走呢！

首先，钢水应该流进事先准备好的模子里。钢凝固后，就成了钢锭。这

▲ 工人们把铁水倒进了巨大的模子里

些钢锭不能直接使用，必须在烧红后再经过大力锻压才行，和我们用擀面杖碾生面团相似。这项工作，只有在巨大的机器——轧钢机——上才能完成。被烧得红彤彤的钢锭从两只轧辊之间的空隙穿过去。这些轧辊也和我们的擀面杖很像，不同的是它是用钢做成的，而不是用木头做成的，并且它比擀面杖大得多。钢锭反复在轧辊中间穿行，就会变成平板。然后，它们会被送进别的机器里，出来后就会变成薄板。

在家里，你是用剪刀来剪纸的，在工厂里，工人却是用剪切机来剪钢板的。

钢板被剪成一条一条的钢条，钢条又会被剪成一小块一小块的钢片，也就是坯材。

这样的小钢片，看起来和小刀还不太像。它的边缘很厚，很钝。别说是用它来劈木片，就连纸都裁不了。

如果想把这种小钢片变成小刀，就应该让它再变个样子。

以前，刀和剑是铁匠在铁匠铺里锻打而成的。

他们先把小钢片烧得通红，使它变软，然后用铁钳把它夹起来放在铁砧上。他的徒弟抡着大铁锤，早就在那儿候着了。

铁匠用小榔头指到哪儿，徒弟就要用大铁锤使劲地打哪儿。

"丁！"小榔头轻轻地敲。

"当！"大铁锤使劲地锤。

大铁锤越打，烧红的小钢片就变得越来越扁，最终变成人们需要的样子。

这可真是一项既吃力又精细的活儿啊！把钢片做成刀子还真是不容易啊！

幸好，现在这项工作已经是由机器来完成的了。只用一台机器，就同时取代了铁锤和铁砧。

铁砧上有一个照着刀子的样子做成的一条凹槽，人们会把准备好的坯材放进这条凹槽里。

锻铁工人开动了机器。

铁锤从高往下落，使劲地掉到坯材上。

坯材就向四面八方散开，洒满了整个凹槽。起初，铁锤上也有这样的模子，就能把坯材扣得紧紧的。因此，坯材只能变成一种样子——和凹槽一样。

▲ 铁砧旁边的师徒俩

但是，事情根本不会那么简单。凹槽里的钢被压得结结实实的，它向四面展开，好像是在寻找其他的出路。在凹槽的边上，也就是铁锤和铁砧中间有一条缝隙，钢就会被从这个缝隙里挤出来。

用这种方法，做出来的刀子形状并不规则。

应该把超过凹槽的部分剪掉。还要把刀子再锻炼一下，这样才能使它变得更坚硬，干活的时候就不会被弄弯。

因此，就要把刀子烧得非常热，再让它迅速地冷却。

如果这样做的时候，它虽然能变得更硬，但同时，也会变得更脆弱，干活的时候就容易折断。不能这样做。

要使刀子变得既坚硬又弹性十足，还是应该把它烧热，但不能像第一次一样温度那么高，然后再让它慢慢地变冷。

瞧瞧，为了让刀子具备它应有的性质，为了让它在削任何东西时都不会弯曲、折断，它经历了多么漫长而痛苦的锻炼啊！

但一切还没结束。刀子还要被放在磨石上磨平，最后还要用金刚砂擦得亮闪闪的。

刀子就算是做好了。为了和它配对，还要做一把稍小的刀子，对了，还有拔塞钻、螺丝起子等配件。

接下来要做的就是用两块金属片做成框子，这样才能把它们夹在一起。

对了，还要用两个小钉把刀子、拔塞钻、螺丝起子穿起来，和穿在轴上一样。

做好之后，你想让刀子出来透透气就拉出来，想让刀子"回屋"休息就放进去。

如果想让刀子完全按主人的意思办事，不需要它的时候不会自己打开，就得再安两根弹簧。把刀子合拢，如果你不需要它干活，它就会被弹簧扣住，老老实实地待在里面。

到现在，所有的准备工作都已经做好，只需要把这些零部件组装起来就大功告成了。当它们单独存在时，没有太大的用处，但如果把它们装在一起，就会变成一把用途广大的折刀。

小折刀的故事是不是该到此结束了？

不，我们还只是说了个开头。

要知道，你的折刀可是什么样的大风大浪都经历过呢！

也许，它曾陪伴你到遥远的地方去旅行。你用它盖起了一所茅屋，做了一根钓鱼竿，在茂密森林里的树上做过记号，指引你回到少年先锋队营帐。

▲ 如果把折刀把儿上的铁片取下来，就能看到里面的弹簧了

即便是在家里,它也是你忠诚的朋友。无论什么时候,它总是陪伴在你身边——就在你的衣兜里或书包里。

你经常会得到它的帮助,所以你应该爱护它。千万不要把它弄湿,否则它就会和我们人一样生病,准确地说应该是生锈。还有,你让它干活时注意点儿分寸。千万不要让它去切铁,因为这是钢锉和钢锯的工作。也不要让它去挖地,刀子如果碰到石块就会损坏。

在学校里,不要用刀子削课桌玩。要知道,工人辛辛苦苦地制造小刀,不是为了让你用它来损坏东西,而是让它来帮你的忙的。

记住,如果你对你的折刀关爱有加,它就一定会用自己诚实的劳动来好好地回报你的关怀。

钢笔和羽毛的启发

每当你坐在书桌前,手里拿着钢笔的时候,你有没有想过,人们为什么把钢笔叫作羽毛笔呢?(在俄文里,钢笔尖和羽毛是同一个词语。)

钢笔尖是钢做成的,不是用鸟的翅膀和尾巴做成的。它是在纸上写,又不是在天上飞。

为什么钢笔尖会和鸟的羽毛名字一样呢?

还有小折刀。为什么人们会把小折刀叫作"削羽毛刀"(在俄文里,小折刀的意思就是削羽毛刀)而不是"削铅笔刀"呢?因为你用它是来削铅笔而不是削羽毛的。

假设你面前正好有一个墨水瓶,里面装的是蓝色的墨水,为什么人们叫它墨水呢?它是黑色的,又不是蓝色的,叫它"蓝水"是不是更准确?

到底是什么导致了名字混乱的情形呢?

这其实是因为,一种东西的名字往往比东西本身的生命更长。即使东西

已经完全变了样,名字却依然保持着最初的样子。

在很久以前,钢笔就是鸟的羽毛,墨水也全部都是黑色的,根本没有绿色的或蓝色的,而小折刀最主要的任务就是削羽毛。

克雷洛夫在他的寓言里提到过一只鹅,那只鹅吹牛说,它们的祖先曾拯救过罗马。我们并不知道它说的是不是真的,但有一点可以肯定,几百年来,鹅一直向人类奉献着自己的羽毛,历史上的很多书确实都是用鹅毛笔写成的。

如果换成是你,用鹅毛蘸点水写字,那样只会把纸弄得脏兮兮的,除此之外,你什么也得不到。

▲ 鹅对人们作出了极大的贡献:几百年来,一直向人们提供羽毛

人们到底是怎样用它来写字的呢?

在写字之前,必须先把它削尖。小折刀就要派上用场了。

小折刀把羽毛的末端倾斜着切断后,把它削尖。为了不让墨水随便流到纸上,而只是在写字的时候才流出来,还要把羽毛的尖端切成两半。

你的钢笔尖同样如此。它弯成了一个凹槽,这样就能使墨水更好地沾住笔尖,并停留在笔尖上。如果你用力按笔尖,笔尖中间的裂缝就会分开,给墨水让道。然后,墨水就会顺着这条道流下来,仿佛小溪在两岸中间流。

如果你想使写出来的字显得更浓更粗,就要使更大的劲,因为裂缝越宽,流出来的墨水就越多。

你不用再削钢笔尖,你拿到手的时候它已经是成品了。但是在古代,削尖一根羽毛可不是一件容易事,常常要费好半天工夫。不仅要确保裂缝不偏不倚，正好在羽毛的正中间，还要保证羽毛尖端的两半一模一样，只有心灵手巧的人才做得到。

更糟糕的是，羽毛很快就会变钝或者折断，非常容易损坏，要经常更换。所以，那时候的人们写字时一般会准备好几支羽毛笔，以便随时更换。

墨水瓶旁边经常会有一个装着干燥细沙的沙罐。这是为什么呢？

人们每写完一页，就会把沙子密密地撒到写好的字上，等字完全干燥后就吹掉，然后把这一页翻过去，继续写下一页。

有时候，信纸会把沙带到信封里去，拿着信封时会沙沙作响，就像在摇能发出声音的玩具。

▲ 羽毛笔

那时候的墨水也不是现在的样子。明明是黑色的，写在纸上的字却成了褐色，就像是用浓茶写的。只有等字迹干透，颜色越来越深，才能看得清楚，这时墨水才是真正的黑色。

在古代，人们是用没食子酸来制作墨水的。这是一种有毒的硬壳果，事实上，它不能算是硬壳果，因为它其实只是槲树和其他树上长出来的一种瘤。

除此之外，制墨水的技师还经常会用到一种美丽的绿色晶体，盛放晶体的罐子外面写着两个字：铁矾。

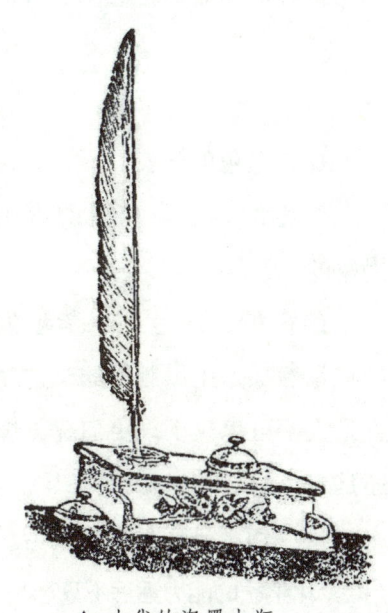

▲ 古代的瓷墨水瓶

先把硬壳果放到水里煮,然后在煮好的水里放入铁矾的溶液。液体立刻就会变成黑色,这就是墨水。如果想让墨水更黏稠,在纸上不会洇散,可以在里面加点胶。

而现在你用的墨水,和古时候的墨水已经完全不一样了。它的主要原料是染料,这种染料不是在小作坊里制作的,而是出自大的化学工厂。你写字的时候不用担心变色的问题,因为它一写出来就非常清晰。

把染料溶解在水里,想要液体浓稠的话,可以加点胶。为了防止墨水存放的时间过长而发霉,你可以加点醋酸,因为醋酸液可以杀死霉菌。

过去,墨水的制作完全是用手工完成的,所以技师的手总是黑乎乎的。但是现在,机器帮了我们的大忙:混合机负责混合墨水,灌注机则负责将墨水装进瓶子里。

工厂生产的染料颜色越来越多,所以墨水的颜色也日益增多,有黑色的、蓝色的、绿色的,还有紫色的。

那么,染料是用什么做的呢?

蓝色的染料是从乌黑的煤中提取的。

那么绿色的呢?

绿色的也是从乌黑的煤中提取的。

▲ 彩色墨水

那么紫色的呢?

紫色的也是从乌黑的煤中提取的。

蓝色的、绿色的、紫色的染料竟然都是用煤制作的,这简直是太不可思议了。更何况,煤还是黑色的。

这一切都是化学家的功劳。当然,化学家的能力远远不只这些。

不过，制造墨水最初的功臣应该是煤炭工人。煤炭工人从地下把煤开采出来，铁路工人把煤运送到工厂里。

在工厂里，化学家从黑色的煤里提炼出黑色的煤焦油后，再从黑色的煤焦油里提炼出无色的、像水一样的液体，然后像变魔术一样将这种没有颜色的液体变成五颜六色的染料。

化学，这是多么奇妙的科学啊！将黑色的东西变成无色的，将无色的东西变成蓝色的、绿色的、紫色的东西。以前，人们是从植物中提取制造墨水原料的，而现在，人们学会了用人工的方法制造染料。

以前，人们不得不从鹅身上拔羽毛，而现在，钢笔尖是在工厂里生产的。在地底下找到矿石后炼成钢，把钢压成薄片，再送到制造钢笔尖的工厂里。

钢片在那儿也会变得面目全非。

钢片被一台机器切成细长条，接着又被另一台机器轧成一片片的小钢片。那细长条被轧过孔就没有用处了，会被送回熔炉熔成液体。轧下来的小钢片后来会被做成钢笔尖。

一片片小钢片已经变成了钢笔尖的样子，但还不能用来写字。它是平的，所以它像一块平板一样留不住墨水。如果想让墨水滴沾在上面，就要把它弄弯，做成凹槽。此外，尖端上还割有一条小缝，便于墨水从这里流下来。

这些工作仍然不是用手工完成的，要靠机器来完成。现在你知道了吧，人们并不是用小折刀来削尖钢笔尖的。

然后，把差不多已经完成的钢笔尖放到被烧得火热的炉子里去，取出来后再放到冷水或油里浸泡，就能让它变得更坚硬。接着，还要把锈弄干净，再刷一层亮亮的金属——镍，防止它生锈。

这些工作很快就会完成。从一台机器到另一台机器，小钢片在不断的转移中不断地发生变化，最终变成了漂亮的、带着商标的钢笔尖。

人们之所以发明这些机器，就是为了让小朋友们用钢笔而不是鹅的羽毛写字。

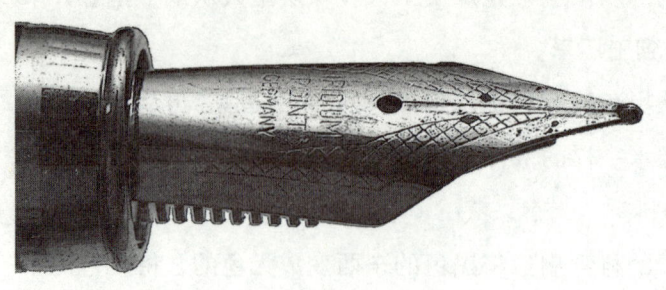

▲ 钢笔尖上的裂缝和羽毛上的一样

单单是列宁格勒的"联合"工厂，一天制造的钢笔尖就能满足列宁格勒所有人的需要，甚至还绰绰有余。

你也不再需要沙罐和沙，因为你有了使墨水变干的纸。

吸墨纸虽然把自己变得湿漉漉的，却能把多余墨水吸掉。

古代的学生看见你的书包或书桌，看到不是用鹅的羽毛做成的钢笔尖，取代石笔的铅笔，取代石板的练习本，取代沙的吸墨纸，用黑色的煤做成的蓝墨水，用锯末做成的橡皮，一定会觉得非常惊讶。

如果你再拿出自来水笔，他肯定就更惊讶了。这可不是在开玩笑——用这种钢笔写字时竟然不用时不时地蘸墨水！

没想到，这种钢笔竟然自己就有墨水瓶。

把它插到瓶子里，它自己就会像小动物喝水一样吸墨水。

钢笔怎么会喝水呢？它不是没有生命吗？

原因其实很简单。

自来水笔随身带着的墨水瓶是用橡皮做成的，和点眼药水的管子差不多。用的时候，把橡皮管上面的按钮按一下，就把管子里空气挤出去了。然后放开按钮，空管子就放松了，墨水就被吸上来了。

墨水是怎么进入橡皮管的呢？

把墨水赶到钢笔里去的，其实就是外面压在墨水上面的空气。

油润珠滑的圆珠笔

当我们还在惊叹水笔的神奇功能之际,有一种不需要喝墨水的"钢笔"在西方国家开始流行了,它就是圆珠笔。

1888年美国记者约翰·劳德,因为写作需要,设计出一款运用滚动的珠子作为笔尖的笔,给工作带来很大便利,遗憾的是受工艺等多方面因素的限制,他的设计被蒙尘,并没有流传开来。

1895年,英国人也发明了一款圆珠笔投入市场,同样没能得到推广,没过多久便不见其踪影。1916年,在德国一些场合也有圆珠笔出现,但同样没能在大多数人中流传开,不了了之。

后来,同样身为记者的拉迪斯洛·比罗在祖国匈牙利报社采访时,突然得到启发,灵感随之而来。他的笔使用的是快干的墨水。但是这种快干的墨水,当时是用于印制报纸的,用于书写,则有些黏稠。为了解决这个缺陷,拉迪斯洛·比罗绞尽脑汁,通过多次实验,终于找到了办法——他在笔尖部分,装上一个金属小球,可全方位旋转,终于圆满解决了墨汁浓稠的问题。这样的圆珠笔写字流利、易干,正好替代了传统墨汁。此后,圆珠笔终于流传开来,成为人们现在常用的书写笔。

▲ 拉迪斯洛·比罗

1943年6月，比罗和格奥尔格两兄弟申请专利，在欧洲专利局注册了圆珠笔这款专利新产品，被兄弟俩命名为Biro圆珠笔，这就是商品化圆珠笔的由来。

　　由于Biro圆珠笔性能好，使用便利，开启了时代先河，受到了多方青睐和追捧。比罗兄弟也接到来自各方抛来的橄榄枝，后来英国政府一举夺魁，购买了Biro圆珠笔的使用权，因为他们更看出圆珠笔的前景和巨大作用，如Biro圆珠笔可在低压下自由使用，有比钢笔坚固、不易损坏等特点，英国政府大规模为英国皇家空军的机组人员配备Biro圆珠笔。

　　1945年，米尔顿·雷诺根据Biro圆珠笔小金属球的原理，将快干墨水替换成浓度很大的明胶型墨水，采用了新的技术，推出新款圆珠笔，公开售价10美元一支，如此高价格的原因，除了新技术，还有当时的第二次世界大战环境因素，使得圆珠笔得到进一步拓展。

　　同年，通过法国塞尔·比希的努力，圆珠笔终于开始平民化，价格不再那么高昂。他开发了一个专业的工业流程，大大降低了圆珠笔的生产成本。

　　1949年，比希推出了一款圆珠笔，命名为"BIC"，风靡欧洲。经过10年的发展，BIC圆珠笔进入美国市场。

▲ BIC 圆珠笔

　　当然，BIC进驻市场并不是一帆风顺的。BIC采取了大量策略，例如低价格，高质量等，才缓慢打开美国市场的大门。至今，BIC公司逐渐发展，甚至每天都有数百万支的订单。

　　圆珠笔通过一系列的改进和创新，制作简单，使用便利，经久耐用，在全世界范围流传得十分广泛，市场空间巨大。据统计，仅日本每年需圆珠笔4亿支。

但是圆珠笔也有一定的局限性,据日本统计数据,一支圆珠笔书写超过2万字以后,就会出现各种问题,如油墨泄漏。

大量专家们投入研究,花费无数时间精力,为解决圆珠笔漏油。可是,无论是替换油墨、改进油墨配方,还是改善金属珠子与笔管的硬度,始终没有找到改进办法。

一次,一位日本小企业家轻松解决了这个让专家们头痛的问题。他仅仅将圆珠笔的油墨减少,使每支笔最多不能书写超过2万个字,圆珠笔漏油问题,居然迎刃而解。为此,他申请专利,将这个小点子运用到圆珠笔上,发明了短支圆珠笔,迅速抢占市场。而这也让他的企业发展规模逐渐壮大,他也成为了日本为数不多的大企业家。

看似偷工减料,实则也是解决难题的方法,也称之为"创新"。

线条均匀的中性笔

如果你使用过圆珠笔,一定也遇到过很多糟糕的问题,比如,有时候写着写着字,突然小珠子不转了,或者,一团黏乎乎的笔油蹭到手上,洗也洗不掉,中性笔的出现,为我们解决了这些问题。

中性笔也称水性圆珠笔(水性墨水笔),还被叫作啫喱笔、滚珠笔,它融合了钢笔和圆珠笔的优点,摒弃了它们的缺点,书写润滑流畅、线条均匀。

中性笔球珠是由不锈钢、硬质合金或氧化铝等材料制成。中性笔芯根据球珠直径大小,分为0.7毫米、0.5毫米等。

中性笔一改圆珠笔的单一,选用了有红、蓝、黑、绿等颜色的油墨。

人们都知道钢笔有一个小别称自来水笔,钢笔水是水性笔,圆珠笔的油墨是油性物质,圆珠笔则为油性笔。而中性笔就比较特殊,它的油墨既不属于水性也不是油性,而是有机溶剂,因而我们称它为中性笔。

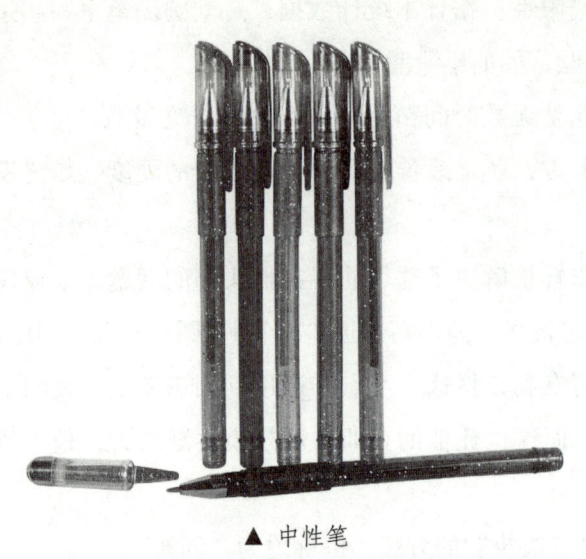
▲ 中性笔

中性笔的有机溶剂油墨，黏稠度介于水性笔与油性笔之间，不挥发、不易漏墨。书写时，溶剂流经笔芯管到笔尖珠，然后跃然纸上，让使用者感受到如丝一般的滑顺感，其性能更加稳定，不易掉色。

中性笔起源于日本，他们研制成功的"HYBRID"产品，之所以成功，正是因为其一系列其他笔无法拥有的优点，以至迅速抢占大份额市场，逐渐取代圆珠笔，成为主流。

中性笔按笔头分类分为：子弹头型、针管型、半针管型。

子弹头型中性笔，顾名思义就是其笔头形状像子弹一样。在子弹头型中性笔的制造过程中，是将一根原棒金属切削成一颗完整的子弹形状笔头。子弹头型一般是制造成为较粗的笔头，市面上广为流传的 0.5mm 笔头，最粗甚至可以制造出 1.2mm 子弹头型中性笔。

针管型，又被称为"全针管"。区别于子弹头型笔头的是其独特的加工方式。针管型笔头在加工的原材料中，是完整的细管。通过精密仪器，从细管的 3 个方向分别打磨，在前端打 3 个凹点，成为金属球的碗座；而后面的细管则是三角形的油槽。中性笔的油墨，经油槽顺流而出，金属球珠滚动带出适量油墨溶剂，实现书写的目的。针管型更适合用于生产比较细的中性笔，大部分是 0.3mm，更细的甚至可达 0.12mm。

半针管型中性笔，介于子弹头型、针管型两种类型之间，它是利用现代高科技先进技术，其笔头的尖端甚至可以打磨成与针管一般粗细，而半针管型的笔头尾端尺寸大小与子弹头的尾端相同。这种类型的中性笔，多适用于0.45mm、0.38mm类型中性笔。

按油墨色彩中性笔分为：基本色和特殊色中性笔。

基本色中性笔有红、蓝、黑3种是基本色中性笔的油墨色彩。

特殊色中性笔与基本色中性笔不同，它是主要用于需要绘画的场合，对色彩要求较

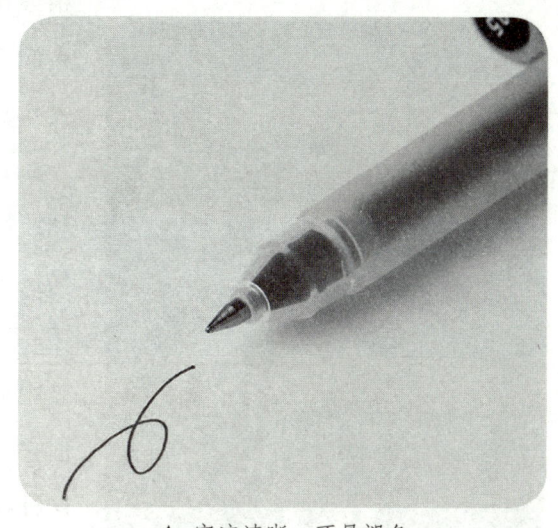

▲ 字迹清晰，不易褪色

高，令流泻出笔端的字迹更加富有美感，更加出彩，引人眼球。特殊色中性笔起航品牌是源自韩国的DONG-A，后来才有晨光、真彩等品牌的陆续崛起。

字迹清晰，不易褪色，是公司签署文件、考生参加大型考试时、对笔最基本的要求，文件专用中性笔恰好能满足这些特点，当然现在市面上流传的文件专用中性笔，也有很多假冒产品，并没有这些功能，购买时需要仔细辨别，选择信誉比较好的大品牌便是方法之一。普通书写中性笔，其性能就较为普通，人们对它的唯一要求就是能记录文字语言，其所用油墨不耐水，容易褪色，属于染料型，成本较低。

爱干净的

再来说说橡皮。以前，橡皮是用一种树木的汁液做成的，这种树只有热带才有，不是随处可见的。现在，人们用锯末来制造酒精，而橡皮则是用酒

▲ 约瑟夫·普利斯特里

精或石油来制造的。因为以前，如果人们需要什么东西，只能从自然界里去找。

1770年，英国科学家约瑟夫·普利斯特里偶然发现一种物质，可以轻易拭去铅笔笔迹，特别便于修改铅笔字。那时，这种成小立方体的橡胶粒，被用来擦走笔迹的物质，还没有名字。但它已经流行整个欧洲，人们普遍用这种物质来擦除笔迹，用作修改等。而当时另一种说法是，爱德华·耐姆（Edward Naime）才被认为是发明橡皮擦的人。

在这之前，人们也已经在生活中总结出经验，擦除笔迹没有太好的物质，面包屑被迫执行这一"光荣"使命。Naime在一次偶然的情况下，错将橡胶当成面包屑，用来擦去铅笔笔迹，而后他惊讶地发现，其使用效果居然更好，甚至几乎看不见原来的笔迹。Naime在这件事上很受启发，他牢牢记住了橡胶的作用，并开始批量生产"橡胶"橡皮擦，开启了橡皮擦的商业之旅。

初期的橡皮擦还有许多缺点，其未经加工，使用起来不方便，而且容易腐坏。直到1839年，发明家Charles Goodyear提出自己的想法，他提出将橡胶经过硫化。这样便能大大提升橡胶的质地，橡皮擦再也不容易腐化。

当然，所有的发明也不是一蹴而就的，这其中还有一些故事。1858年，有一个美国费城人，他为了方便居然把橡皮擦嵌在铅笔尾部，却获得了此项专利，但又有人质疑他只是将两件已有的东西组合在一起，并没有发明新的东西，经过许多波折，他的专利最终还是被有关部门取消。

当然，根据需求的不同，现在市面上有各种各样的橡皮擦，有的在铅笔尾部有一个小小的粉红橡皮擦，由于为了美观等原因，在其表面上了一层光滑的胶质，这除了有橡皮擦的功能，方便携带，简单不易丢失等优点，还有容易破坏纸面的缺陷。用力过重，或者铅笔尾部的金属笔套，很容易弄破纸张。有的时候，其效果也没有那么完善，而且还容易遗留残渣，能轻易看出这部分文字曾被修改过，所以应该注意清洁残渣等。

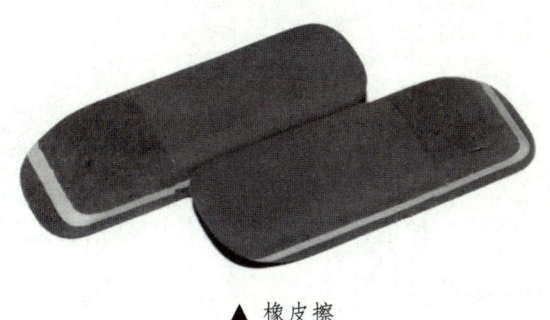

▲ 橡皮擦

还有一种棕色橡皮擦，几乎是艺术家的专用，它们区别于普通橡皮擦，是用柔软而粗糙的橡胶制成。它被创造出来主要是贡献给艺术家们。它们的特点十分鲜明，比如适用于大面积擦除，柔软不易弄破纸张，但在清除痕迹的功能上稍稍显得不够完善。

另外，还有一种软橡皮，与树胶十分相像，内含一种呈灰色的物质，它的擦除强度十分有力，故而不产生残渣，相较于其他类型的橡皮擦，它能使用更久。并且，它是以独特的方式来擦除笔迹——吸收石墨。软橡皮可以十分准确地擦除笔迹，它还有另外一种意想不到的作用，就是用来突出重点部分，使作品更完美、更精彩。当然，有优点也会有缺点，它不太善于擦除大面积笔迹，高温之下甚至还会被融化，进而粘住纸张等。

现在我们常用的是聚乙烯基橡皮擦，它也有着自己的特点，柔软，拥有塑胶的质感，在与普通粉红色橡皮擦拥有同样功能的同时，由于其独特的柔软性能，摈弃了容易损毁纸张的缺陷。聚乙烯基橡皮擦通常为白色，它拥有着相当优秀的效果，值得选用。

中国独有的毛笔

还有一种笔，在我们的书包中是很难见到的，但是在古代的中国，它很流行，这就是毛笔。

作为中国所独有的笔，毛笔有着深刻的文化渊源，在中国历史上留下了深重的笔墨。中国古代名家大师流传于世的书法与绘画作品，多是用毛笔著作而成。传统的毛笔是中国古人必备的文房用具。而现代毛笔传达的是中华书法、绘画与众不同的魅力，深受广大爱好者的推崇和热爱。

毛笔的历史可以追溯到遥远的新石器时代，据后来出土的文物——新石器时代的彩陶上留有毛笔描绘的明显痕迹。虽然一直没能发现当时毛笔的实物，但从史前的彩陶花纹、商代的甲骨文上，或多或少可以觅得毛笔留下的痕迹。中国东周时期，毛笔便已经广为流传，成为人们的书写工具，当时的竹木简、缣帛都是以毛笔为书写工具。

现今，出土的实物毛笔，最早的是两千多年前春秋时期使用的毛笔，系湖北省随州市擂鼓墩曾侯乙墓出土，是上古时代遗存下来的宝贵文物。

中国秦朝的时候，实行的是"书同文，车同轨"，而在那个时候，人们所用的笔才被统一叫作笔，而在这之前，所谓的笔有许多种叫法。那个时候有这样的说法，秦将蒙恬在善链村用羊毫来制作书写的笔，就这样被当地人供奉为了笔祖。蒙恬的夫人卜香莲也对制作笔非常精通，被大家称为笔娘娘。到了汉代的时候，笔已经和以前不同，有一些讲究了。那个时候笔头的原料不只有兔毛，甚至还有羊毛和狼毛等，硬毫和软毫是在一起的。

毛笔发展的一个重要时期是宣笔时期。在晋朝时，安徽宣州利用兔毛做成了紫毫笔，那锋利的笔尖闻名于世。宣州的陈氏笔受到了王羲之等一些名人的推荐。唐代的时候，宣州成为整个中国优秀的制笔中心，宣笔的名声越

▲ 毛笔

来越大，在这个时候，宣笔的任何制作技巧或选用的材料都已经达到了几乎完美的境界。那些有名的书法家和诗人都对宣笔有着非常高的评价。陈氏和诸葛氏的笔垄断了中国唐宋两朝的制笔业，并不断地传承制笔技术，可称作海内第一。

在元代后，以湖州为中心的制笔业逐渐强大，这样，毛笔的发展进入了第二个重要时期，也就是湖笔时期。在那时，湖笔、徽墨、端砚和宣纸被称作"文房四宝"。

在明末清初时期，善琏湖的笔名声越来越大，善琏人也逐渐在各个地方开设了一些著名的笔店。明清时期是中国笔业发展的鼎盛时期，这时，皇室和官府中使用的那些笔都异常精致华美，就连平民百姓使用的笔也是非常注重美观的。

毛笔是由动物的纤维制作而成，很难长久保留，所以我们现在可以见到的那些明清时期的毛笔是非常珍贵的，可以说是稀世珍宝了。

再来看看你的书包吧。

里面装着你的好朋友：练习本、钢笔、铅笔、橡皮、小折刀。现在，你一定对它们有了更深的了解。

要知道，为了进入你的书包，它们必须经历一段非常长的路程。

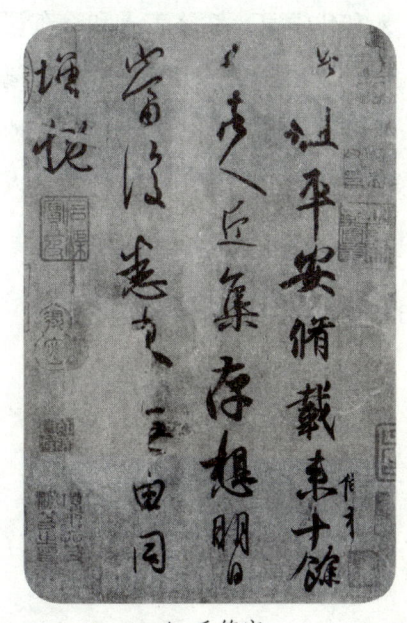

▲ 毛笔字

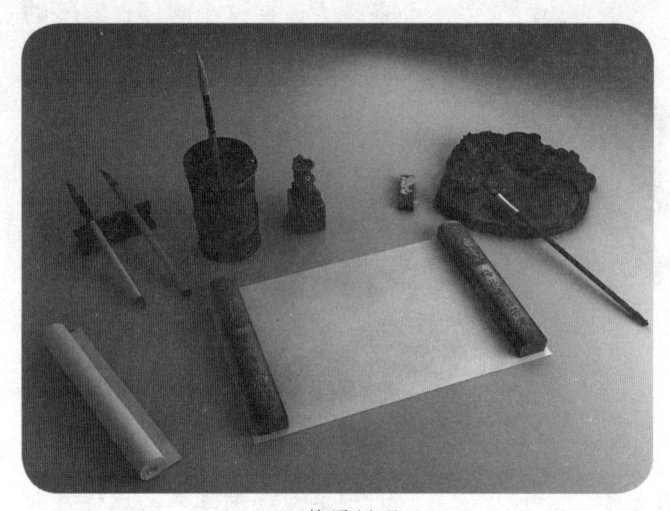
▲ 笔墨纸砚

它们来自遥远西伯利亚的树林，来自埋藏着煤、石墨、黏土和铁矿石的地底下。它们还得经过水和火的淬炼，还得在炉子、锅子和机器里待一下。一路走来，它们发生了巨大的变化，现在你已经无法一眼看出它们的本来面目了。

是谁把这些东西送上这个长途旅行的呢？是谁用木材、煤炭、石墨、黏土和其他原料做成铅笔盒、橡皮，做成小折刀和钢笔尖，做成书和练习本的呢？

做这一切的是采矿工人和伐木工人，煤炭工人和高炉工人，金属加工工人和化学家，铁路工人和汽车司机，还有许许多多不知名的人。

你周围的一切事物，包括家里、学校里以及街道上的一切事物，都是人类劳动的成果。你写字用的小钢笔尖、工厂里的大机器、田野里的联合收割机、宽广河流上的堤坝，统统都是人创造的。

第03章

时钟的故事

那个时候他只是一个普通的小孩，在去教堂的时候，所有的人都在做弥撒，有一盏吊在穹顶的大灯吸引了他的目光和注意。这个时候，有人不小心碰了这盏灯一下，它就开始左右地摇晃着。伽利略在那里静静地看着，观察着，他突然发现这盏灯每次摇摆的时候所持续的时间竟然是相同的，它在左右摇摆的时候距离越来越小，直到停止。而且无论这盏灯摇摆时候的弧度是大还是小，从开始到结束，所间隔的时间，都是相同的。

如果时针都停摆

自从人们发明了时钟后，它们始终默默无闻地工作着，每天都一样。时钟指针的转动在我们看来似乎没有什么意义，可实际上对我们却是不可缺少的。如果世界上所有的钟表全都停摆，那么我们的生活会陷入怎样的慌乱之中啊！

火车站是无论如何都要遵守时间规则的，如果没有准确的时间和运行良好的钟表，那么相信整个火车站——包括乘客，都会感到焦虑和不安。

生活在海上的人们，就像是船长也是需要一个十分准确的计时器来进行判断的，如果没有时钟，那么船舰或许就会在海上迷失方向了。

当然，一个工厂如果没有精确的时钟也会陷入一片混乱之中。我们现在工厂所制作的商品都是通过流水线将那些产品从一个机床转移到另一个机床上再进行不同组装的，千万不要小看了这些工作，因为流水线也需要精准的时间表，如果失去了这样的时钟，那么工厂将会遇到很大的麻烦。一个工厂中那几百台的机器全都需要时钟的操控呢，如果时钟破损或坏掉，那么整个生产线就会无法运行了。

我们在上学的时候一定都经历过拖堂，老师沉浸在自己的讲课中，下课的时间到了也没有将我们解放的意思。如果在这个时候钟表出现了什么问题，老师更专注于自己，将原本40分钟变成120分钟，那么一定没有一个人会喜欢学校的。

你和朋友约好时间，可对方却迟到了，你一定会抱怨。但是如果这个世界没有了钟表，你只是按照自己的猜测来到了约定的地方，苦苦地在那里经过了很长时间的等待也没有见到朋友的身影，又过了好久，你的朋友还是没有出现，没有了一点耐心的你只好回到家中，可这个时候你朋友却打电话质问你为什么没有去，他或许觉得是自己迟到了。

再者，某一天你去看一场电影，可是依旧没有钟表的指示，你站在电影院的门前发现一个人也没有，是因为你来得早了。也有可能在你去的时候，人们已经从电影院中走出谈论着今天播放的电影有多么刺激。很明显，没有时间提示的你来晚了，以致错过了一场期待已久的电影。

看，没有钟表，我们的人生会有多么的慌乱啊！可是在我们的祖先时代，确实是没有钟表存在的，可人们在生活中还是需要去计算时间，可他们用的是什么样的工具计时呢？

古老的计时器

在翻看书前，大家可能已经将书中的插图看过了，因为那些图片或许吸引了大多读者的眼球。书中不同的故事给了人们不同的启发，但图片大概就会引发大家的一些疑问了吧？

或许这些图第一眼看上去并没有什么相同的地方，可它们为什么会被收录进这本书里？这当然不是巧合了。第一张插图是雕刻着古老字母的印度婆罗门僧侣的手杖，还有一张是雕刻着神灵浮雕的钟形物，因为经历了太多的岁月，它浑身都已经绿了。

在我们现代人完全无法见到的东西之中，还有那么一只活泼的公鸡一直昂起它的脖颈喔喔地叫着，可这到底表达了一些什么？

这所有的一切，都是在没有钟表出现时，人们计时所使用的工具。

敲钟人

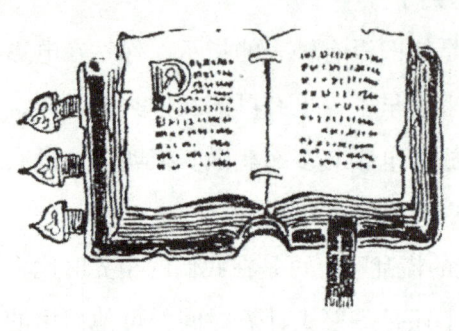

此刻,大家对书中的那些计时器都有一些基本的了解了吧?但那些奇怪的手杖,书和灯,怎样去代替我们的钟表呀?

在这个世界上,有着千万种可以计算长短、重量的方法,而计算时间的方法也是很多的。

举例来说,要将一本书阅读完需要一个固定的时间,例如你可以决定看完30页的书后就去散步,换一种方法来说,我们完全可以根据阅读书页的时间来进行计时。

有一张图我们似乎没有办法理解——那是一本被老鼠啃坏了封皮的厚厚的书,就是曾经用来计时的。这是一本赞美诗,奥古斯丁修士是一名修院的敲钟人,他在每天凌晨三点的时候敲响寺院的钟,他又是怎样得知时间的呢?

他的方法十分简单,在傍晚的时候,他朗诵自己的诗歌,直到读到一个固定的句子时,他估摸着时间要到了,这个时候他就停止阅读,开始他敲钟的工作。也有那么一回,他昏昏欲睡,等醒过来的时候

▲ 敲钟人奥古斯丁

该敲钟的时间都已经过去很久了,太阳正高高地挂在天上。

看上去这个方法并不能准确地去计算时间,这个是要根据人们阅读的速度来定的,有些人阅读的速度快,有些人阅读的速度却慢。由此可见,虽然计算时间的方法很多,可真正可以精确的方法却是少之又少了。

太阳计时器

奥古斯丁的钟声还需要叫醒那些住在修道院附近的居民。

据说,有一天早上,住在附近的人们被钟声唤醒起床后,很多人的第一个反应是,太阳竟然在黑夜里升起了?这简直难以置信!原来是那些修士喝醉了酒看错了时间。后来他们发现了太阳比那些修士们要精准,太阳起落的时间是十分固定的。

很久以前,人们其实都把太阳当作自己的钟表。可是,到底怎样才可以确定太阳起落的距离呢?有一个很简单的方法——用脚,可以通过去计算地面的距离再去计算太阳所照射出来的时间。这样,用脚步计时的方法就出现了。

脚步计时

在公元前3世纪左右,希腊的学者亚里士多德创作了一个关于用脚步计时的喜剧。雅典的妇女这样对自己的丈夫说道:"当影子有十个脚步那么长的时候,涂上香料,就回来享用晚餐吧。"

在这里要说明,那个时候人们洗澡的方式和现在不一样的,他们在自己的身上涂抹着泥土和油,这样身上脏的地方就不会被看到,并且身上的味道也会好闻一些，可关键是，影子有十个脚步那么长到底是什么意思呢？

在离普拉科萨葛拉住的地方有一个杆子，在早晨的时候，那个杆子的影子会很长，到中午又会变得很短，到傍晚的时候再次变长，当时的人们就是利用这样的方法去计算时间的。这种事情听上去很奇妙的样子，可道理却是非常简明易懂的。

印度苦行僧的故事

日晷碑是被人们称作计时器的一种柱子。

可它使用起来却不是很便利，只有当天上太阳出现的时候才可以进行计时，并且它不可以随时随地地带在身上，并且也不是非常的精确。可当人们在旅行的时候，钟表是必不可缺的东西。

印度的那些苦行僧需要靠着化缘来维持自己的生活，在他们旅行的过程中，

▲ 印度苦行僧用脚步计时

得知时间是一件极其重要的事情，可怎么办呢？那些僧人们想了很久，终于想到了一个方法——用自己的手杖计时。

在他们途经贝纳勒斯的时候，几乎每个人的身上都会带着一根样子很奇怪的手杖，这个手杖和我们平时见到的是不一样的，它有八面，并且每一面都有着一个小孔，孔

▲ 僧人的计时手杖

中镶着一根小小的棍子。他们用绳子将手杖吊起来，高高地举过头顶，看着地面上的影子就可以得知现在的时间了，这些僧人们就是这样来读取时间的。

其实并不需要每一次都去刻意地测量影子的长度，因为在那上面都已经刻好了时间的标志轴。但是，为什么是八个面呢？这是因为不同的季节太阳运行的轨迹也会不一样，并且影子的长短完全取决于太阳的角度，就像夏天时候的太阳要比冬天时的太阳所垂直的角度更大一些，所以夏天的影子看上去要比冬天的短。在手杖做成了那个样子之后，八个平面之中每个面都对应一个季节，这样就可以轻松地在每个季节都读出时间来。

▲ 计时手杖每月需花一天的时间标记时间记号

比如在十月份的时候，那些苦行僧们就会将木棍放在标有"airman"，相当于我们的九月到十月中旬。

而我们现在也可以自己去制作一个这样有趣的计时器，可我们现在不需要8个平面了，只需要4个就可以，冬天的时候太阳似乎很少出现，所以就算制作了这样的手杖，似乎也没有什么太大的用处。

来制作这样的计时器要每个月都花上一天的时间，每一个时间就标记好一个记号，直到太阳下山才可以结束。

白日钟

科普拉萨葛拉的那个时代，希腊的一些地方其实已经有了更加快捷方便的计时器了，这些新的计时器是从亚洲巴比伦传入希腊的，巴比伦的科学家们一直都是非常著名的。

▲ 太阳计时器——清华日晷仪

在那个时候，巴比伦是世界上最大的城市之一，十分繁荣昌盛，早在2500年前的巴比伦城市已是非常富有而且居住着许多人的。

巴比伦人还教给了希腊人不少的东西，像是分割时间——也就是确定小时。那时的希腊人还学会制作了计时器，只是没有指针罢了。

这个时候你一定会有一个疑问，没有了指针怎么可能是钟表呢？可事实的确如此，考古学家证明了这样的钟表的确存在于古巴比伦中，并且在许多地方也可以找得到。

在那个通往莫斯科的道路上还保留着石制的里程表，这样的表在各种地方几乎都可以看得到。其中一个上面还有着题词：距离圣彼得堡还有22公里。这个表的另外一面的中间镶着三角的薄板，周围还雕刻着罗马的数字，而这些数字，就是刻度了，那落在上面的阴影就如同我们现在的指针一样，随着太阳的升起和降落，那上面的阴影也移动着，来告诉人们现在的时间是多少。

这种时钟和过去巴比伦的钟有一些相像呢，路过这里的人只要看一看里程表就知道自己还有多少的路要赶，再计算需要多长时间可以到达目的地。这样的钟比那些苦行僧用的手杖要好多了。它表示的时间似乎更加精准，可它也有缺点，这种钟只能在白天的时候行动，阴天或晚上的时候我们就没有办法去观察时间了。这种钟被人们称作白日钟，在后来，夜间钟出现了。

夜间钟

有一对十多年没有见面的老朋友伊万和彼得在马路上突然碰见了,他们二人都十分吃惊,并惊喜地望着对方。伊万对彼得说:天啦!这都流了多少的水呀,我亲爱的彼得!

这时彼得回答:不少了,好多的水!

我们似乎对这样的对话感到奇怪,并且不理解其中的意思,难道这是两个老友的暗语吗?还是隐藏着什么不一般的意义?其实,这说明人们在很久以前就知道,水是可以计算时间的好东西了。

譬如你灌满一个茶壶,将水龙头拧开,水就会顺着水龙头流出来,若水全部流完需要一小时。如果我们不打开水龙头也向茶壶中倒入和上次一样多的水,它流完的时间也需要一小时。

这说明只要在水快要流淌干净的时候将茶壶灌满,那么这个茶壶,就可以当做计时器来使用。

2500年前的古巴比伦人就已经在使用这种计时器了,可那个时候是没有茶壶的,人们就将水放进一个箱子中,并在箱子的下面钻一个孔,让水从哪里流出,每天在黄昏的时候会把水箱灌满。

这个水钟看上去虽然因为需要一直换水而感到极其不便,但它却可以在没有太阳的时候来告诉人们时间。所以,这种时钟被人们叫作夜间钟。在20世纪的初期,中国还有一些地区使用这样的钟。

牛奶做的钟

我们应该听说过乳猪或乳牙,可是你知道乳钟到底是什么吗?

其实这个乳钟是我从一本关于钟表艺术的书中所看到的。

这本书这样说道:在古代埃及的时候,尼罗河的某个岛上有一个叫作奥西里斯的神庙,在庙里面有360个底部带有小洞的箱子呈圆形所排列,而且每一个箱子都有专门看守的祭司,这些看守的祭司们会轮流向箱子里面倒牛奶,等那些牛奶全部流光的时候就正好是24个小时,而360个箱子里的牛奶灌完后就是一年了。

▲ 乳钟

在水钟里所被取代的水可并不只有牛奶,还有那些比较受欢迎的并且起到了装饰作用的沙钟。如果想要给沙钟上弦的话,就需要将它翻过来,让里面的沙子通过小孔流入下面的部分,其实这种沙钟对于短时间的计时是非常有用的,这样的东西对于船队来说也算是必不可少的呢。

可根据古时候的记载,那些装在沙钟里的沙子最好的是将大理石屑加入葡萄酒煮上整整九遍,再把里面的泡沫舀出来,最后放在太阳底下晒一晒才可以制作成功。

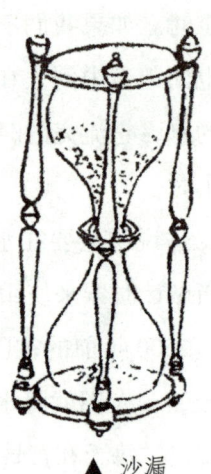

▲ 沙漏

水钟上的刻度

　　上面那些所描述的底部带着孔、水可以通过这些小孔慢慢流出来的计时器，就是最古老的水钟的原型了。可麻烦来了，人们觉得频繁的添水太耽误时间，于是就想办法去完善这个水钟，以减少添水的次数。

　　是的，人类的智慧令人吃惊，没过多久就有人想出了这样的办法，只要用一个足够大的可以装满一昼夜水的器皿来代替曾经的那个小水箱，这样不仅可以省了换水的麻烦，还可以精确更多的时间。

　　我想那些带着刻度的杯子你一定在医院或实验室中见过吧？

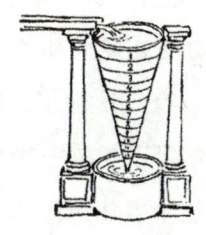

　　那种杯子上的表面通常都可由三个刻度，在最下面写着茶匙，而中间就写着中匙，在上面则写着汤匙。我们的水钟就是效仿了这样的刻度，并且标有 24 个刻度用来计算时间。可是这样的水钟也有一个不好的地方，那就是从里面流出的速度并不是相同的。当里面的水多的时候因为压力过大，流出的速度就会很快，相反，当里面的水变得少时，速度就会减慢了。

　　为了防止这样的事情发生，就把上面那些刻度改变一些，刻画成不相等的。这么一来，制作水钟似乎就麻烦许多了。

计时器的进步

　　倘若我说我健身用了一个小时，应该所有的人都不会觉得有什么问题。可如果换做了 2000 年前就不一样了，一定会有人来问我，是长小时，还是短小时？

时钟的故事

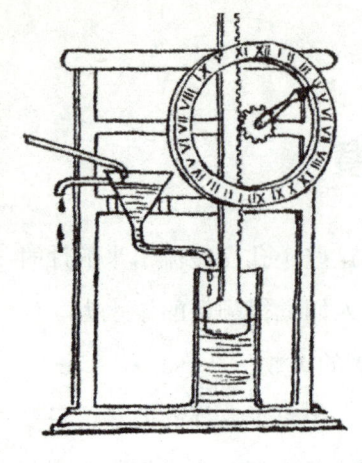

长小时和短小时是什么？让我们来了解一下吧！在古时虽然也会将以昼夜划分为24小时，可那时的24小时和现在的却是完全不一样的。

他们会先将一昼夜分成白天和晚上，白天规定的是日出到日落这段时间，而夜晚就是从日落再到太阳升起的这段时间了。其次，白天和夜晚又分别被划分成了12小时，可是季节不同的时候白天与夜晚时间的长短还是有不一样地方的。炎热的夏天，白天会比较长，那么一小时的时间也比较长，冬天就恰恰相反。

这样的时间定义简直是太混乱了！既然这样的话，那时使用的水钟就没有办法在夏天和冬天时候使用了，这个时候又该怎么办？

有人这样想，因为冬天时的白天要比夏日时的白天短些，所以在冬天的时候可以少放一些水在水钟里，这样流掉的速度就能快点，夏天的时候则相反。可这个方法虽然听上去很简单，可解决起来却没有那么简单了。原因是在冬天的时候，因为白天很短，所以漏斗就没有办法装满了，可是到底什么样的方法才是精确的呢？

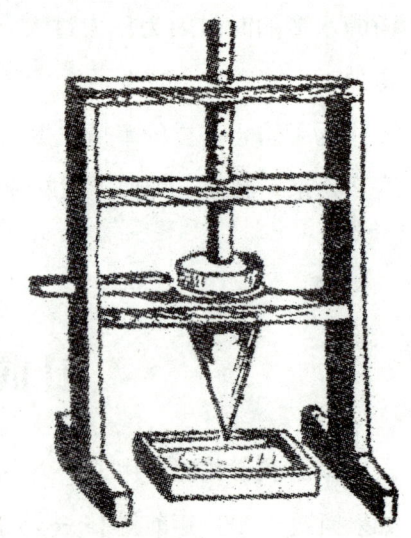

于是又提出了这样的想法：按照漏斗的形状做出一个实心的锥体来放进漏斗中，这样里面可以使装水的空间就变少了。冬天的时候就可以将这个椎体放进漏斗里面，夏季再取出来。

计时器发展到这里的时候，已经比最古老的水钟，在复杂程度上多了很多。

鸣

这个世界的一切仿佛都是有着相互关联的,在水钟传入了希腊之后,罗马竟然也出现了。

在那个时候,为了验证水钟是否可以准确地去测量时间,他们在水钟的旁边放了一个太阳钟。古罗马人是信任太阳钟的,因为只有天上的太阳还在,他们就可以一直读取到时间,可水钟的那个孔如果被堵住了,那么时间的计算就一定会出现偏差了。

对于那个时代的罗马来说,水钟还算是一件很珍贵的东西呢,那时的许多有钱人家都会在自己的家中摆放一个水钟,可这样并不是为了装饰自己的家,他们很多人还会专门叫佣人给它添水和校正。

其实在古时还有一个经常可以见到的报时器——鸡鸣。在深夜的时候,总会有雄鸡拉长它的声音,并且间歇地鸣叫,被从梦中吵醒的人们并不会因此而恼怒,只是会继续睡觉而已,这样的叫声只是在告诉人们现在是深夜,并且被人们称为"第一遍鸡鸣"。而在天快要亮起的时候,雄鸡就又会开始啼叫,而这个时候人们就不能继续再睡了,而是要起床开始一天的工作了。

救人的水钟

就算在一个没有钟表的年代,人们也可以用其他的方法来计算想要得知的时间。在清晨的时候,军人们用号角将他们唤醒,而普通的居民们家中也有尽职尽责的雄鸡,白天的时候,有在天空上的太阳可以帮助人们计算时间,可即使是这样,很多时候时钟也是不可缺少的。

就像是在法院的时候,如果没有时钟来进行约束和限制,就没有办法确定和保证每个人发表言论的时间是一样的。这样就会导致审判的过程和时间延长,在这个时候,时钟就是不可缺少的了吧!

在希腊和罗马,水钟都被法院用作计时器。在那个时候的水钟结构非常简单,里面的水在一刻钟内就会流得干干净净。这个水钟在希腊语里被叫作"克勒普希德拉"。在法院中,那些人发言的时间都是通过这个水钟所计算的。举例来说,如果某人发言了半个小时的时间,那么就可以说成他持续发言了两个"克勒普希德拉"。

在一本书上,我读到过一个关于水钟救人的故事。

一个叫马克的市民因为被控诉谋杀罪被送入了罗马法院,他只有一个证人可以为他作证并且洗脱掉他的罪名,那个人就是他的朋友尤里。奇怪的是,当审判结束后他的朋友也没有出现在法院里,马克心中十分焦急,他想或许是尤里在路上出了什么事情,更或者他不来了?当时的法院有一个这样的规定,原告和被告还有法官都可以拥有两个"克勒普希德拉"的发言时间。

原告可以用他的时间来控诉马克的罪行,待控诉结束后就轮到马克来为自己辩护了,但如果没有一个可以帮助自己作证的证人,他就没有办法将自己的罪名洗脱,看着水滴一点点地在流走,马克感到十分恐惧。第一个"可勒普希德拉"过去了,他的朋友还没有到来,在他几乎已经绝望的时候却突然发现,水流的速度竟然比以前慢了许多,看着逐渐慢下去的速度,马克心中又出现了希望,当然,原告也发现了这个问题,然后非常吃惊地说:"钟里为什么会多出几块石头来?被告已经超过发言的时间了!"马克的心顿时又沉了下去,而正在这个时候,尤里出现在了大家的面前,终于,马克的罪名被洗清了。

可到底是谁向里面扔了石头,到现在也没有办法确定,可是马克却因此得救了。

自动钟的故事

在大约2000多年前,埃及的亚历山大因为制作了水钟而闻名了整个世界。

亚历山大是一个非常富有的商业化的城市,甚至还有人说,在这个城市除了雪,其他的什么都不缺。那里聚集着许多手艺和技艺高超的手工匠,在钟表制作被推广以前,那些制作钟表的人都是一些科学家,后来才出现了钟表匠——可以说是出现了世界上第一个有着高超技术的钟表匠。

这个故事还要从公元前270年说起呢,在那个时候,有一位科学家发明出了崭新的并且比从前的水钟更加方便的水钟,他名叫特西比乌斯,他的父亲是一名理发师,一直希望自己的儿子从事和他一样的工作,可特西比乌斯却对科学的研究着了迷。

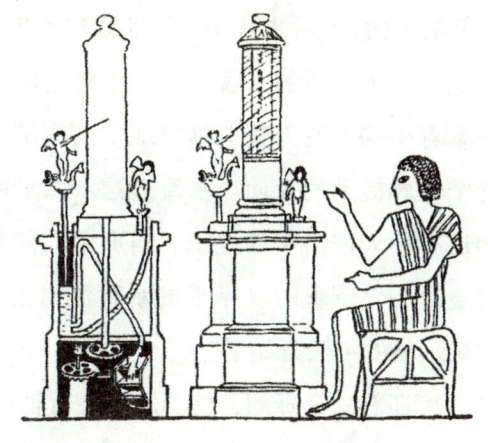

水动力钟对他来说是一个非常有吸引力的诱惑,在那个时候,人们已经掌握了水动力技术了,并且可以利用水位差来驱动水磨机的运转。这个时候特西比乌斯就陷入了沉思:可不可以用水动力来让水钟自动运转呢?

如果想要创造一个可以在春夏秋冬都正确运行的水钟可不是一件简单的事情。他所处的时间,每小时的长度并不是相同的,特西比乌斯认真而仔细地将一切因素都考虑到了,最后他终于成功制成了一个理想的水钟。

上文的插图就是被放置在阿尔西诺伊庙里的水钟。上面的钟柱画着白天要表示时间的阿拉伯数字和表示夜晚时间的罗马数字。这个水钟神奇的地方就是它的表盘竟然是纵向的，并且许多部分的表盘都是圆形。小天使和指针会随着水的流动上升，小男孩如果从柱子的底部上升到了顶部就会刚好是24小时，如果小男孩重新落回了底部，就会再次上升。

在那个时候，因为一年四季的小时长度都是不相同的，所以在柱子上会有12个表盘来表示每个月的时间。月份在变化，这个柱子就会缓慢地绕着轴转动着，而这个时候小天使的棍子也就会转到所对应的表盘上了。

看到这里，你一定会想，这真是一个精致的水表，可是你知道这个精致的水表，里面有着怎样的结构呢？

插图上可以看到，有一个正在哭着的小天使，水经过水管流入了这个小天使的体内，然后再从小天使的眼中流出来。眼泪似的水滴就落在了他的脚旁，在流入一个特殊的水管，这个水管通向一个小小的盒子，这个盒子就在那个正拿着小棍子的天使所站立地方的底部。盒子中还有一个软木浮标，连接着这个拿着棍子的天使。水流进这个盒子的时候浮标也会随之上升，同时上升的还有小天使手中的棍子。当那个天使升到最高地方的时候，盒子里的水就会通过一个倒着的V字形的水管流出去，而小天使也会随着浮标下降，这样就表示新的一天开始了。

可还有一个疑问，柱子怎样绕着轴进行转动的呢？

因为有四个齿轮，水从第一个水轮中流出来，然后那个水轮就会带动着四个连续排列的齿轮不停地转动着，这样水轮和四个齿轮就会被迫使那个连在柱子上的轴转动。当水从V形的罐子中流出时，水轮带动流水微微地转动，连带着柱子也微微地转动，一年后柱子会转弯一整圈，这也表明了新的一年又重新开始了。

你一定会因此而感到惊叹，这个时钟简直就是一个永恒的时钟，只要一根普普通通的水管就可以永远工作着，一点也不辜负它自动钟的名声。

而在这之后，人们又接连制造了许多更加精美复杂的时钟。

童话里的钟表

这个时代,欧洲的大陆已然处于半开化的状态,地中海沿岸的一些国家已经聚居了许多文明,并且随着时光的流逝,那些文明也渐渐开始传入了一些北方野蛮的游牧民族之中。

在特西比乌斯之后的700年,法国拥有了第一个"克勒普希德拉",这个是意大利的国王送给勃艮第国王贡都巴德的钟。意大利的国王住在拉维纳,那里是意大利北部一个非常著名的而且风景优美的城市。有一个非常睿智的大臣波伊提乌来辅佐他,这个大臣是一名艺术机械师,那时国王命令他制造一个可以指示时间并且又可以显示云体移动的时钟。勃艮第的国王在听到这个消息之后写了一封信给意大利的国王,非常恳切地要求他可以将这个时钟赠送给自己。于是波伊提乌就制作了这样一个非常精巧的时钟,并且还附上了一个说明书,送到了勃艮第国王的居住地。

在很久以后,那个水钟在法国一直是很珍贵的,在这里没有人会制作时钟,也只有国王可以偶尔收到一些来自其他的国家赠送来的水钟。

许多人都看过《一千零一夜》,那个故事集里有一个叫哈里发的人,他经常穿着十分寒酸的衣服和宰相在街头游走,就是这个人将水钟送给了查理大帝,在那个时候,水钟可真的算是一件稀罕的宝物呢。

 钟

就算经历了很长的时间,可水钟依旧是法国和其他欧洲国家非常珍贵的东西,在查理大帝拥有时钟的300年后,还有一些寺庙也开始使用时钟了,

▲ 计时蜡烛　　▲ 计时油灯

可还是有许多地方都是没有钟的。

对于修士们来说，没有钟是一件很麻烦的事情，工作也很不方便。因为每隔三个小时他们就需要敲钟去唤醒那些修士们来进行祷告，而这时敲钟的人就要经常观察太阳和星星才可以确定时间，可如果天空上没有出现太阳和星星，就只好用其他的办法了，例如之前所提到的朗诵诗文。

当然也有一些更好的办法，比如用燃烧的腊烛和灯油里的油量也可以确定时间呢。在某一段时间里，火钟是非常流行的，也会有人这样用一只蜡烛烧活两支蜡烛来形容时间，可那个时候的腊烛粗细并不十分的均匀，所以来计算时间也并不是很精确的。

在19世纪的时候，中国还在使用火钟，那时的人们将一根木屑和松香制作的香放进器皿之中，然后有两个铜铃悬在船上，当火将线烧断后，那铜铃就会落到金属盘子上，借此来提醒人们时间。

▲ 计时火钟

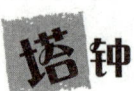 钟

我们并没有办法得知最早的钟摆到底是谁发明的，只知道西方第一个带有钟摆的大钟是巴勒斯坦的占领者从东方所掠夺来的。阿拉伯人似乎比欧洲人更拥有一些智慧和令人惊叹的创造能力。

在13世纪初期，腓特烈二世收到了邻国国王送来的非常精巧的摆钟，在那时，这个摆钟可真的是非常珍贵，更可以说是价值连城，值五千个古硬币呢！

又过了50年后，爱德华一世的时候，有一个大钟被放在了伦敦议会楼的威斯敏斯特塔上，这个钟的名字叫作大汤姆，这个塔比周围的建筑都要高，是一个带着圆形尖顶的四边形塔，如果要走上这个塔的顶端需要爬整整360级的台阶才行。从此，英国人开始了拥有钟的人生，这个大汤姆陪伴英国人到四个世纪后，被大本钟取代了。

在这之后，欧洲很多国家也出现了塔钟。

▲ 克里姆林宫的钟塔

法国的国王查理四世还从德国请来了一位著名的钟表大师来为巴黎的皇宫塔楼修理一只钟，而这位钟表匠花费了八年的时间终于修理成功，可在这之后，法国找不到其他的钟表匠了，就只能要他来继续看守这只钟。

在1642年，俄国的克里姆林宫总的一座塔上，出现了俄国的第一个塔钟，这个塔钟就位于现在的斯巴士卡雅塔。

发条

很多时候，相信大家都应该对钟表到底是如何转动的而感到好奇吧？并且它还会发出走动的声响，如同在提醒着人们流逝的时间是有多么的珍贵。如果有一天你将钟表拆开来看就会发现，里面有很多小轮子，并且还有一个像是发动机的东西在驱动这些齿轮不停地转动着。这个发动机的名字叫作发条,可以说它是钟表的心脏,在不停地向钟表输送原动力。

最开始的时候,发条只是摆锤。是受到了井辘轳的原理而制成的。

很多人应该都在电视中见过井辘轳是怎样取水的。将一条缠绕了转轴的绳子一边固定在辘轳上,在将另一边绑上一个桶,在取水的时候用转轴缓缓地将桶降到井里。

可它转动的速度并不均匀,而钟表又需要进行均匀地运动,这要怎么办?很简单,只要让钟表里的装置匀速地转动转轴并且控制绳索的转动速度和摆锤下落的速度就可以了,发条就是这样转动的。

旋转门

当我们去那种人山人海的公园游玩的时候,大概都会在入口看到一种旋转门,这种门每次只可以让一个游客通过,这样就可以避免一群人全部挤入引发不必要的事故。在一个人通过的时候,它就会转动,然后转了120度,这样这个人就可以通过,并且还可以将下一个人成功地挡在外面了。

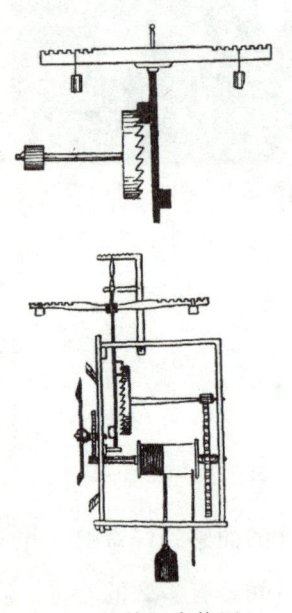

▲ 旋转门内构图

这个门和钟表里那个可以控制齿轮转动的装置非常相像,从左边的插图就可以看到齿轮的结构。轴和上下的两个凸缘就组成了可以控制钟表的装置。从图片里可以清楚地看到这个上方的凸缘与齿轮是相互紧密地咬住的,并且齿轮的转动也会将凸缘连带着一切转动,这样轴心也会进行正常的运转了,而在下面凸缘会随着轴心转过来的时候紧紧地咬住齿轮，并且一直这样转动着。在轴的上面有一个横杆，两边还有一个来控制齿轮转动速度的重块。

摆锤失去了那个控制装置的约束就会掉落。那个带着重块的控制装置也刚好可以去约束摆锤的力量，可以让摆锤缓慢而且匀速转动。图中描绘就是一个完整的时钟侧面的内构图了。

在最开始的时候，时钟看起来的确是很复杂的，但和现在的时钟相比可以说是再简单不过了。那时候的时钟都是千篇一律只有一根指针，并且还需要有人每天为它上弦。

那时的钟盘有24个数字，代表了一天24小时，要从太阳落山后第一个小时开始算起，直到第二天太阳落山前的最后一个小时，这样才可以算成24点。然后出现了有两圈刻度的表盘，它们分别代表了白天和晚上，并且有12个刻度，最后就出现了我们现在使用的表盘。

我们现在计时的方法可以分成12小时制和24小时制。在一些正式的场合为了不让白天和晚上出现误解和碰撞，我们都会用24时制的，可很多时候，人们还是习惯说下午两点，而不是十四点。

恶作剧的钟

我们现在科技是如此的发达，可即使这样似乎也无法避免钟表会出现错误，更不要说古人们所使用的钟了。

其中我们所熟悉的大汤姆就调皮地犯了一次恶作剧一样的错误，不过，好在这次没有出现什么大的事情，并且挽救了一个生命，下面就让我们来听听这个故事吧。

那一天，一个哨兵在伦敦皇宫的门前站立着，他疲惫至极，昏昏欲睡的计算着时间，想要早点下班去休息。正当他神志不清快要睡着的时候，突然听到了一阵奇怪的声音,这引起了他的注意,于是他出去走了一圈。那个时候街道并没有路灯,在晚上的时候很难分清人和事物,巡逻了一圈的他并没有发现什么不对的地方,奇怪的声音也消失了,于是他回到了自己的岗位上,这个时候,钟声响起了,可他却奇怪地发现,那天的钟响了十三下。

第二天,哨兵被逮捕了,原因是皇宫里丢失了一条非常贵重的项链,而哨兵并没有发现那个小偷,他们怀疑他没有认真地工作而是在站岗的时候睡着了,可这个哨兵指出那天晚上大汤姆响了十三下,证明自己在夜里并没有偷懒,于是,他就被释放了。

大汤姆就这样拯救了一条性命。

个性独特的钟

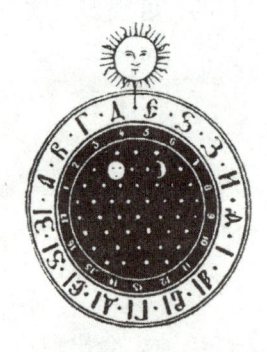

▲ 克里姆林宫救世主塔上的小太阳形钟面

古代莫斯科克里姆林宫里的救世主塔就有一个外形看起来很特别的大钟。为什么说外形独特呢?因为大家所熟知的钟都是指针在不停地转动着,而钟盘是不会动的,可这个钟却恰恰相反,它的指针是一个带有光线的小太阳,这个指针被固定在了钟盘的上面。

还有一个奇怪的地方,我们平日里用的普通的钟表都是12个小时,可这个钟里面竟然有17个小时,17个小时怎么能计算时间?

从一些古老的游记里我们是可以找到想要的答案的,一位旅行家梅因堡就这样说过:

"这个钟所指示的是每天从太阳升起到太阳落下的时间,俄罗斯人的一昼夜虽然也是24个小时,可他们是根据太阳的升降来计时的。从太阳升起来的那一刻算起是一点钟,到太阳落下去,就是晚上一点了,一直到太阳再次升起就是新的一天。在俄罗斯最长的白天是 17 个小时,所以那个钟表上就有 17 个小时的时间,而这个时候,晚上就只有 7 个小时了。"

这样看来,那时候的钟表真的是很难理解,如果没有专门的人去看管和守护,钟表随意走动,那人们的生活似乎也会变得乱七八糟了。

这个看起来十分独特的钟可陪伴了古莫斯科人很长的一段时间呢,一直到了 18 世纪彼得大帝才将一个从荷兰运来的钟将它取代。

逆生长的钟

在这个世界中,许多事物都在一天天地变化着,我们所居住的房屋越来越高,而轮船等也是越来越大,可时钟似乎确实和我们相反的。科技在一点点地进步着,我们的时钟似乎变得比以前小很多了。

在这个世界上,第一个出现的机械钟是一个很大的塔钟,光是摆锤就已经很重了!这样的钟只是用来观看,绝对不可以把玩的。而过了很久以后才出现了尺寸越来越小的钟表。

第一个手提钟是法国国王路易十一世下令造出来的,那个时候大约距离大汤姆出现后的 200 年左右。虽然是手提钟,可它的体积却也不是十分小巧的,国王在四处旅行的时候就会把这个钟放进一个箱子里携带,雇佣专门的人去照顾。

而第一块怀表出现的时间是在 1500 年,一个德国的钟表匠彼得恒莱因用弹簧做成了发条。

当然，这不是怀表的全部，里面还有一个发条轮是藏在伸出的一个又扁又平的小盒子里，那盒子里装着发条。发条的一边会固定在那个轴上，发条轮也会放置在这上面。如果将发条转动，就相当于给钟表上弦了，一旦松开手，发条就会松下来，几个齿轮就这样带着指针走动并运转起来。

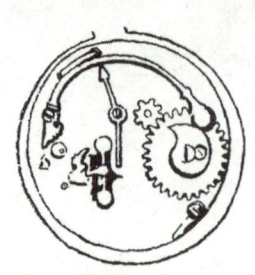

左边的图是个被打开后盖的时钟，里面的机械清楚地展现在我们的眼前，那个轴上连接着一个大大的齿轮和发条轮。我们就可以通过这个大齿轮来给钟表上发条。那个小齿轮有一个四边形的轴，在我们需要上发条的时候就要穿插到这个轴的上面，缓慢地转动着，接下来的齿轮也就随着一起转动。

在那个时候，怀表的技术并不是十分发达，只能带动一根指针，并且上面没有可以保护钟面的玻璃罩。但那个时候的钟，每个数字的上面都有一个小圆块，因为这样，人们在黑暗中也可以通过触摸去得知时间。

其实那个小圆块还有其他的功效呢，像是在别人家做客的时候，如果你不停地看表就是一件非常不礼貌的事情，可如果不去看表或许会忘记时间耽误一些重要的事。此时，如果人们想要得知时间，只要将手放进口袋摸一摸就可以了。

你知道吗，"纽伦堡蛋"并不是一个蛋形的怀表。它是最开始的怀表，之所以会有这样的名字是因为那个圆圆的盒子。在之后也出现了许多形状的怀表用来满足人们不同的需求和爱好。

那些钟表匠很喜欢装饰怀表，例如他们会在那上面刻上漂亮的图案或者镶嵌一些好看的钻石等，使得这些怀表无论放在哪里都是一件非常精致的装饰品。而随着那些钟表匠们的手艺越来越好，怀表也变得越来越小了，甚至有了可以当做耳环和戒指的表呢。英国国王詹姆士一世的王后就有着一块上面镶着钟表的漂亮戒指。

我们现在使用的手表都是大批生产的，而那个时候每一块都是纯手工制作的，由此可见，那个时候钟表匠的技术是多么的高超啊，难怪现在的手表远远没有那时珍贵。

▲ 历史上著名的怀表——纽伦堡蛋

指针的故事

之前我们有说过很久以前的钟表没有保护的玻璃罩，就连指针也只有一根，可那样的表是怎样演变成现在这个样子的呢？或许又是一段有意思的故事。

最开始的怀表是并没有什么玻璃罩的，如果我们现在也使用没有玻璃罩的表，是不是会觉得很奇怪，或者认为那根本就是一块坏了的表。

最早出现的指针是时针，可它到底出现在哪一个年代，现在也无从考究，分针是在1700年左右出现，而秒针则到1760年才出现。

可这样的变化到底是因为什么呢？答案很简单，当然是根据人们所需。

在很久以前，人们似乎并不需要极其精准的时间，因为对于他们来说，每天知道一个差不多的时间就可以了。那时人们生活的节奏并不如现在这样快，不会有人在很早的时候就去上班，也没有现在这样方便快捷的交通工具，在那个时候怀表对人们来说只是一件奢侈的装饰品而已。但随着社会的发展，人们的思想也开始变化，许多人不畏艰险去寻找那些新的大陆，那些航海家和商人从不同的地方交换各种珍贵的玩意儿。船业开始有了一定的规模，交通也随着发展，人们的生活节奏似乎也加快了。

在18世纪的时候，人们已经不满足只有一根表针的生活了，于是就出现了分针和秒钟，我们现在钟表上所有的一切，也就出现在了我们的面前。

而现在，对于人们来说，钟表早已经成为了不可缺少的东西了。

会报时的表

如果钟表可以自动报时来告诉人们现在的时间，这样虽然可以令人们节省不少的时间，可一样会给人造成困扰呢，如果你在谈话的时候，你家中的钟表每半个小时报一次时间，那么或许对聊得正开心的你，是一件非常扫兴的事情。

一位叫作奥尔良的公爵在宴会上丢失了一块非常精致的表，跟随他的仆人感到非常慌张，提出将门关上寻找小偷，但公爵却说不需要担心，一会儿表会自己报时，那样小偷也会随之暴露的。可最终这个钟表还是没有响，谁也不知道到底是什么原因。

在以后的日子里，出现了一种按一下按钮就可以报时的表，这是出自两个英国的钟表匠之手。只要按一下固定的按钮，那个表就会发出动听的声音来，并准确地报出现在的时间，给人的感觉十分神奇。

然而，每个国家似乎对自己的技术都实行了保护的政策。英国国王查理二世赠送于法国国王路易十四的报时表，将表的盖子锁得严严实实，虽然那时的人们很想知道里面到底是怎样的结构，可是并没有人有办法将它打开。再后来，一位老钟表匠特鲁舍将它打开了，秘密就这样展露在大家的面前，为此他受到了奖励。

扎格马尔娶妻

法国第戎城有一座非常高的钟楼,那钟楼里住着扎格马尔与他的妻子,他们每天的工作就是用手中的锤子敲钟报时。扎格马尔有着非常普通的长相,他的妻子同样也是一名普通的妇女,有人却为他做了一首专门纪念他的诗,叫作扎格马尔娶妻,再后来,他们还有了自己的孩子。

社会在不断地发展着,世界上很多地方都出现了可以报时的钟,这些钟和我们所熟悉的音乐盒有些相似,当小锤子落在响铃上并发出报时的声音时,那里面还有一种像是弹钢琴的机器,发出钢琴一样的声音,奏出各种音乐来。这样的钟风靡了整个世界,在荷兰非常受人们的欢迎,彼得大帝花了很多的钱从国外进购这种钟来放在自己的教堂中。可是俄罗斯人却不知道操控这种钟的方法,所以他们还邀请了很多钟乐师。有一份手记是这样记载的:

1724年4月23日与一名外国钟乐师菲尔斯德签订了三年的合同,在彼得堡罗尖塔上奏钟乐。

而彼得大帝还有一个靠水来运转、制作精美的音乐钟,这个钟的铃铛都是玻璃做成的,奏出来的音乐简直可以说是天籁之音。

两个小男孩

其实我们计算时间有很多的办法，在刚刚开始的时候我们就已经提到过，你还记得那些吗？例如可以用看书计时和点油灯计时等等。

之前我和一个小男孩在聊天，他就问我："可不可以用脚尖点地然后用点地的次数来计算时间呢？"我还没有回答他这个问题，他自己已经将这个问题否定了，并且发现这是一个不可行的办法，先不管这种方法进行试验的时候会有多么辛苦，最关键的是脚尖点地的时间都不会是完全一致的，计时怎么可能精准呢？

只有那些时间间隔是一样的东西才可以算作计时的工具，不会有人用间隔时间不相同的工具来计量时间，这样计算出的时间不会准确，更没有去计算的必要了。

其实，人们在很久之前就已经开始想这个问题了，到底有什么东西可以是持续一样间隔的时间的呢？

有人认为，从太阳升起再到太阳落下，这中间所间隔的时间就一定是一致的了，这段时间就是人们所说的昼夜。虽然这个方法是正确的，并且人们也制造出了可以依靠太阳来计算时间的钟表，可这个钟表使用起来却是不尽如人意了。

还有一些人认为，水可以从一个扎了孔的容器中流出来，那样的时间也是一样的。可这个方法也不可以，因为你没有办法保证那个孔一直顺畅地流动着，想要水钟走得准确，要考虑的东西可不只这些呢。

特西比乌斯也发明了更加高级的水钟，可这个水钟却并不是非常准确，也只是能够指示钟点罢了，而且这个水钟不是很牢固非常容易受到伤害，一旦水钟里的孔被堵住，那么它就会自己停止工作，麻烦就大了。

虽然那些带锤的钟会简单可靠一些，可我们也同样没办法保证那锤子落下的速度是相同的,并且在古代的时候,他们的钟似乎有着更多的错误,还得经常去同太阳进行核对,以免出现更加离谱的错误。无论怎样,虽然这些钟表都有很多的错误,但都要比小男孩提出的方法好一些。

其实在17世纪80年代的时候,也有一个小男孩在追寻着这样的问题。这个男孩的名字相信你一定听过,他就是伽利略,他在长大后成了一位非常有名的科学家,也差点因为坚持"地球是绕着太阳旋转"的这个真理而受到火烧的刑罚。

伽利略并没有办法改变太阳的结构,让太阳可以围绕地球转,但是他所处的时代是一个非常黑暗的时代,那个时候的知识非常匮乏并且贫穷落后,他在这样的情况下还坚持自己的真理。

下面让我们来说一说有关伽利略儿时的故事吧。那个时候他只是一个普通的小孩,在去教堂的时候,所有的人们都在做弥撒,有一盏吊在穹顶的大灯吸引了他的目光和注意。这个时候,有人不小心碰了这盏灯一下,它就开始左右摇晃着。伽利略在那里静静地观察着,他突然发现这盏灯每次摇摆的时候所持续的时间竟然是相同的,它在左右摇摆的时候距离越来越小,直到停止。而且无论这盏灯摇摆时候的弧度是大还是小,从开始到结束,所间隔的时间,都是相同的。

之后他通过实验发现,这个想法并不是正确的。如果将一个物体系上绳子,如果绳子是等长的,那么它从摇摆到停止的时间会是一样的;如果绳子越短,那么持续的时间就会越短。

其实你自己也可以做这样的实验,找几段长度不相等的绳子并将它们分别系起来,再拨动它们进行观察,你就会发现和上述相同的道理。

经过这次发现,伽利略解开了这个很久都没有人解开的谜团,并且他还找到了可以持续相等时间的东西,并且还考虑要怎样将这个东西放在钟表里去调节钟表的运转。可是他并没有将这项伟大的发明完成,是一位荷兰的科学家克里斯蒂安·惠更斯完成的。

钟摆在说话

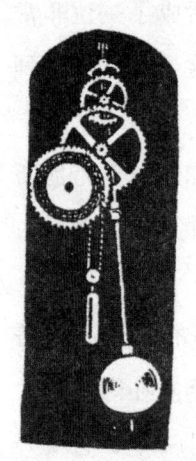

在我童年的时候，并不懂得钟到底是什么样的东西，我只觉得钟摆就像是一个严厉的家长，它像是在告诉我需要做什么事情。而在我长大后得知并学习了里面的结构时，我懂得了怎样通过指针的位置来确定现在想知道的时间，可我对这个东西还是感到不解，它那些复杂的结构和齿轮对我来说仍是一个谜团。

其实，钟摆并没有那么复杂的结构，这里就有一座摆钟的结构图。在图中你可以看到钟的摆锤和一个缠绕着绳索的发条轮。齿轮带动发条随着转动，大的齿轮也带着小齿轮转动着，而小齿轮带动是针轮转动，这些都是在一根轴上进行转动的。时针轮之所以被叫作时针轮，是因为它连接着时针。

时针轮在带着另一个齿轮转动的同时，那个小齿轮也在带动擒纵轮所转动，并且它们也在同一个轴上。所有的结构都和伽利略还有惠更斯之前的发现是一样的。只有一个不同的地方，那就是其他的装置代替了控制装置还有摆轮，这样就限制了擒纵轮，因为这样可以不让重锤下落的时候速度过快。

在擒纵轮的上面还有一个叫作擒纵叉的装置，它看上去就像是钩子一样。擒纵叉会随着摆锤而不停地摆动着。如果现在擒纵叉左边卡在了擒纵轮的齿上就会出现非常短暂的停留，但用不了多久，向右摆动的摆锤就会使这样的状况结束。而这个时候，摆锤就向左边摆动着，擒纵叉右边的叉落下来又将擒纵轮卡住，就这样进行着循环。

相信大家都明白，摆锤每次摆动时所持续的时间都是相同的，整个装置就是这样跟随着摆锤进行匀速的运转，并且保证了时间的准确。

我们现在使用的表可以说是非常精准，有时针分针和秒针，既然有了这些东西，就需要比之前更多的齿轮，可它们工作的原理和之前的时针是完全相同的。

或许你会认为，摆锤摆动得那么快，齿轮一定也是以那样的速度转动着的吧？可是时针却转动的那么慢，要24小时才转完整整一圈，这到底是为什么？这是因为在安装那些齿轮的时候需要那些齿轮严格按照规定的速度转动。

解决问题的关键就在选择齿轮的齿数。而时针轮转得很慢是不是因为它的齿数太多了？为了不让这样的情况发生，就在它和启动轮之间加上了另一对齿轮，这对齿轮中大小齿轮各有一个。

你也可以自己动手来设计一个这样的装置：启动齿轮的圈数可以是附加轮的60倍，附加轮所转动的圈数则是时针轮的12倍，如果这样的话，齿轮既不会过大，也不会是我们不接受的转动速度。

古代的钟表匠

是钟摆使钟表变成了一个精准的仪器，它的结构也被人们逐渐地完善着，同时价格也变得越来越便宜了。

这是一个很常见的现象。在录音机刚刚出现在人们生活中的时候，很多人还不知道这是什么东西，只是盲目地去听别人去说。可是随着时间的发展，科学将它完善也使它变得完美了起来，更加趋向于大众。可钟表的发展却没有这样迅速。

那个时候，巴黎刚刚成立了钟行会，一共只有7个人，可经过了200年的发展后，这里已经有了180个人了，而在这个时候钟表也已经普及，连车夫几乎都人手一块。倘若时光可以倒流，我们就可以回到18世纪来参观一下那个时候的钟表铺子。在一个很大的房间里，有几个穿着长衫的学徒们，他们坐在一张长桌子上不停地工作者，他们的表情都十分认真，因为他们在做一件非常精细的工作。你可以看到在那个桌子上放着各式各样的工具，可就是没有玻璃和机器，在这里，一切都是手工制成的，由此可见，那是有多么的精致啊！

▲ 古代钟表匠在修理钟表

这只外壳像一栋房子的青铜钟看起来十分精巧，有着各种漂亮的装饰。而这家表铺的主人正在和那位想要买只表的客人说话。这位已经上了年纪的钟表匠穿着一件长长的袍子，头顶带着尖帽，他正在和这位顾客解释着自己不会赊账卖掉自己的钟表，这或许是因为面前的客人欠了他不少的钱。

就在这个时候，有一辆豪华的四轮马车停在了钟表铺的前面，这个马车有着大大的轮子和奇怪造型的玻璃窗户，这显然是这位客人的车子，而看样子这个钟表铺的老板已经做出了让步，和这样的贵人争论有着一定的危险，或许一个不小心，自己就被关进监狱之中了。

如果想要成为一名优秀的钟表匠就需要掌握很多关于机械的知识，而那个时候是没有学校的，这些知识只能从师傅的传授中得知，或者父亲传授给自己的儿子，这样也就可以理解为什么一些天才的发明家从前都是钟表匠了。

那些钟表匠们用自己的双手创造了无数精致的钟表，人们几乎是看不见零件的。这双手成就了大事业，而现在我们看到的许多令人惊叹的机器都是从钟表发展而来的，这些钟表匠们的发明是对人们甚至整个世界都有着巨大的贡献。

发明机器人

你应该知道机器人吧？有许多机器人的故事你也一定听过，故事里的机器人是人类的好帮手，机器人可以帮助人类做很多事情，只要按一下固定的按钮就可以了。以前就有这样一个故事，故事讲述的是一位机器人发明家，在他的家中，所有的一切都是没有生命，那些仆人也都是机器人，家中所有的事情也都是机器人来完成的。这些机器人按照规定的工作和指示做事，行动非常敏捷，也有着很高的效率。这位机器人发明家认为机器人不需要大脑，所以他家中的那些机器人都是没有头的。是的，那些机器人为什么一定要和人一个样子呢？像是那些工作的机器，一个纺织机一定会比许多纺织工人工作的速度快，如果将机器做成人的模样来工作，似乎也并不会达到理想中的效果。

那些第一代的机器发明家们都是懂得这样的道理。

其实那些制造钟表的钟表匠也有制造一个机器人这样的想法，而且他们也曾制造出机器人来，虽然这些机器人没有什么实际的作用，可要制作这些东西还是需要一定的难度和技术含量的。

1777年，圣彼得公报的第59期上有一个这样的广告：

在通过了警察长的批准后，马尔科夫的家中会向大家展示一个从前从来没有出现过的机械音乐机，这个音乐机的名字叫钢琴，还有一名穿着华丽的少女会坐在钢琴旁边弹奏好听的曲子，那些曲子都是大家所听过的。这个少女的手指在钢琴上翩翩飞舞。在每一首曲子开始之前她都会向大家鞠躬。演出的时间是在每天早上九点到晚上十点，门票五十戈比，贵族和官员可以自由赏赐。

其实，还有更加奇妙的机器人。

在法国，有一位机械家制造出了三个玩具，一个是鼓手，还有一个是长笛演奏者，剩下的一只是一个鸭子，鼓手和长笛演奏者都可以演奏自己的乐曲，而那只鸭子也会嘎嘎地叫着，并且还会游泳，吃饭和嬉闹。这几个玩具被大家几经转手，都以非常高的价钱买入和卖出。

又一次，这些玩具被卖到了纽伦堡，并且被一个人放进了宾馆之中。这个玩具的主人欠了很多的债，于是它们便被债主收掉还债。在一场拍卖会上，这三个玩具再次被卖掉，而买这些玩具的人是一个性格奇怪的老头，他将自己所有买来的东西都收集起来，并且在他花园中摆放着各种收集来的精致的玩意，包括那三个玩具在内。这三个玩具就一动不动地在那个院子中呆了二十五年，那个院子因为漏水而非常潮湿，所以它们里面的齿轮和弹簧就开始生锈了。

原本应该结束的事情却并没有结束，因为这些玩具又遇到了新的主人。

这位性格古怪的老头即将去世了，而他的继承人把他收藏的所有东西都卖掉了。虽然那三个玩具都获得了自由，可它们已经不像从前那样灵活可以随意地演奏和做各种动作，于是它们被送到了手巧的工匠那里进行修理，就恢复了从前的状态，并在集市上给大家表演。许多年后，鼓手和吹笛子的人或许还安静地待在某个博物馆中，可那只鸭子却在101岁的时候烧毁在一场大火之中。

而最有名的机器人制造者就是瑞士的德罗和他的儿子了，它们制作了很多稀奇古怪的玩具，有一个是一位坐在凳子上扶着桌子写字的男孩。

他经常用羽毛笔沾着墨水瓶子里的墨水，然后将多余的墨水在瓶口撇一撇，然后用漂亮的字体写出完整的句子来，并且他还会在每个字之间留下空隙，写完了这一行就会换到下一行。有时他也会看一看他面前的那本书，这个男孩原来是在抄书啊！

还有一个玩具是一只看起来很可爱的小狗，这只小狗嘴里叼着一支满是苹果的篮子，如果你从这个篮子里拿走一个苹果，这只小狗就会愤怒地叫起来，并且和真的小狗没有什么不一样。

他们还制作了一个可以演奏钢琴的机器人，或许这就是后来那个在彼得堡展出的吧。

最令他们骄傲的机器人是一个木偶剧院，这个木偶剧院可以演出一整场剧呢！

木偶剧院背景是阿尔卑斯山下面的草地，而周围是起伏的高山，放羊的人正在看守这自己正在吃草的羊群，牧羊人的小屋就在山脚下，而小屋的对面——舞台的另一边是一个沿着溪流而建起的小磨坊。

这对父子还制造了一个非常奇特的木头气锅的蒸汽机。

在俄罗斯也有非常出色的机械制造家。在列宁格勒的一个博物馆里，展示着那么一辆法国无篷的四轮马车，马车上带有一个计程器和音乐箱。当你坐在这上面的时候，计程器就会开始计算走的路程，同时也会有音乐播放出来。在音乐箱的背面刻着一个人像，那是一个留着大胡子，穿着农民长袍的人，下面还这样写道：

> 这辆马车是下达基尔工厂的伊戈尔·哲凌斯基制造的，制造这个完全是因为他的爱好。这个作品制造于1785年，1810年完工。这个人花了十六年的时间才制作了一个玩具。

在另一个俄罗斯人库里兵，他也是一个自学成才的人，他制作了一个大约鹅蛋那样大的钟，可以报时。每过一小时那个蛋中间的门就会自己打开并且弹出一个小人来，小人弹奏完曼妙的音乐就回去了。

在那个机器特别发达的时代，一些手巧的工匠们制作出了各种各样的玩具，供人们在家中摆放或把玩。但无论怎样，这些机器玩具也都是伟大的发明。

斯特拉斯堡教堂

钟表可以帮助我们来确定时间,可我们所计算天数的方法和鲁滨逊是一样的,当一天过去的时候他就会在自己的手杖上刻下痕迹来。但是,我们为什么不去制造一种自动的日历呢?

让我们来想象一下,如果有这样一个自动的日历,你只需要一年或者十年的时间才上一次的发条,这个对于很多健忘的人其实是有很大的意义,有些人通常会一天撕掉两张的日历,甚至很多的时候一周也不撕掉一页,时间仿佛就那样可笑地停留在这里。

这并不是什么好的习惯,他们经常忘记一些重要的事情。

那个时代,机器玩具是非常流行的,同时也出现了各种各样自动的日历,其中最著名的就是斯特拉斯堡了。

这个城市里有一座持续了几个世纪的古老的教堂,那些建筑者们在楼边各设计了一个塔楼,但最后只建成了一个有着尖头的塔顶。

当你走进教堂的时候会看到,在高高的玻璃窗户下还有着一个小教堂,这个小教堂和外面的一样,有一个塔尖,而这个就是斯特拉斯堡城教堂那个著名的钟了。在塔的下面还有一个巨大的日历,这个日历被分成了365个小块,分

▲ 斯特拉斯堡教堂的天文钟

别代表一年中的365天。一边有两座神仙——月亮女神狄安娜和太阳之神阿波罗，阿波罗手中的箭指示着现在的日期。

在每年的12月31日24时，他们都会来调整一些星期的位置，而在一些不大固定的节日就会重新进行排放，如果正巧赶上了闰年，就会将365天变成366天。

这个钟表的制造者是什威尔格。

在钟的最上面是一个天球仪，而中间就是一个非常普通的钟了，你只要看一看天球仪就可以知道星星的位置了。在天球仪上还有十二黄道带的星座，里面包含了整个太阳系的行星，太阳和月球所经过的区域，这简直太让人吃惊了！

其实现在的天球仪更加先进，也就是我们现在所说的天象馆。那是一座可以容纳不少人的房子，在里面可以看到许多星星在闪烁。天球仪上有一个投射灯，这个投射灯就会将所有的星星都投射在那巨大的圆顶之上。

我们继续来说斯特拉斯堡教堂吧，这里最吸引的其实不是钟表也不是日历，而是许多的机器人，这些机器人的复杂结构为人们增添了不少乐趣。在尖顶的上面有两排走廊，每一刻都会有一个小机器人从下面的走廊出现，第一刻是一个孩子，第二刻是青年，然后是中年，当分针快要指向12点的时候，就会出现一个老头，在他的肩膀上还有一个拿着镰刀的死神，这就预示着时间的结束，同样也在提醒着人们时间过去的速度是多么快。

人们就在一个小时的时间里，像是看完了自己的一生。

还有一个有趣的地方，在12点的时候，上层的走廊会出现十二个身穿修士服的人，而在这个时候塔顶会发出喔喔的叫声，用这样的方法来迎接将到来的正午。

大本钟

当你听到大本钟的时候,你会觉得这是一个人的名字吧?其实这并不是人的名字,也不是什么植物的名字,而是世界上最大的钟。这个钟坐落在威斯敏斯特教堂的塔顶,这个地方也是大汤姆曾经住过的家呢。

▲ 大本钟

大本钟一共有四个钟表盘,在它的四面,每个表盘的直径大约有 8 米那样,如果你觉得这简直太小了的话,可以测量一下你房间的高度再下定论。而我觉得大本钟其实要高的多,它连分针都有 3.5 米那么长,人站在他的旁边就像是一只小小的蚂蚁。这简直是一座令人惊叹的大钟!

可如今这个世界第一的称呼要被另一个巨钟所取代了,下面的便是关于它的报道:

巨型钟

在建造纽约港的时候,最后的收尾就是安装一个有两个表盘的大钟,分别面向大海和城市。并且每一个表盘的直径都有 12 米,上面的数字高 2 米,分针 5 米,时针 4 米,而且指针还可以反射巨大的探照灯发亮,在与距离它 14 千米的海面上依旧可以用望远镜看到它。

令人赞叹的奇迹

我们已经知道的机器人和大本钟都是世界上数一数二的奇迹。可现在我们所熟知的怀表呢？它就不是了吗？从彼得亨莱那时候开始，怀表无论是外表还是内部的结构都发生了很大的变化。

在"纽伦堡蛋"里面有着可以调整钟表进度的装置，这里面的装置其实和古时候带重锤的钟是相同的。在后来惠更斯发明了可以用摆锤来代替的装置，他也发明了怀表。

在那个时候，摆锤带动启动轮，为了避免发条走得太快，为了让表走得更加准确，摆锤会在相同的时间有着间隔的作用，钟表每次摆动的时间都是相同的，并且在这个时候启动轮都会向前面走一个锯齿，可是摆锤似乎不大适合怀表，因为怀表要被人们放在手中或者随身携带。

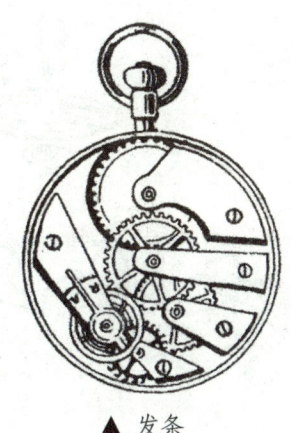
▲ 发条

于是惠更斯发明了可以放在怀里的摆锤怀表，这是一个小轮子，这个轮子的轴心固定在螺旋游丝的一边，而另一边则是在钟板上。

当里面的摆轮转动起来的时候，游丝也会随之转动着，而当我们松开手的时候游丝也会因为弹性而松开。摆轮就像是一个负重的小车，就算你推动它也并不会立刻就停下来，而这样的话，那个沉重的摆轮就会让游丝大大打开，然后再卷回来，就这样不停地重复着，如果没有任何障碍，摆轮就会不停地转下去。

其实怀表摆轮和钟表摆锤有着一样的原理，那些科学家发现，摆轮的转动和螺旋游丝的转动时间是固定的,如果转一圈需要五秒,而下一圈的时间不会多也不会少,这就是它的特点。

可是还有一个疑问,擒纵轮是怎么让摆轮进行转动的呢?而摆轮又是怎样牵动擒纵轮的?其实像壁钟那里面的构造是一样的,擒纵叉连接着摆轮,而摆轮转动的时候擒纵叉就会用两个小勾子来阻碍擒纵轮的转动,而在这个时候擒纵轮就会将擒纵叉推开,再逼迫擒纵轮转动。

如果有一个齿轮向摆轮轴靠近,一边碰到了小管壁,它就会停下来。而等到游丝松开的时候那个小管就会转过来并且继续进行转动。在这个时候,齿轮就会走进摆轮轴的内部并且抵住凹槽,使游丝可以推动管子并且向右进行运动,而这时齿轮再次接触小管壁并且又一次停住,等到游丝的方向转动回来,就会推动小管

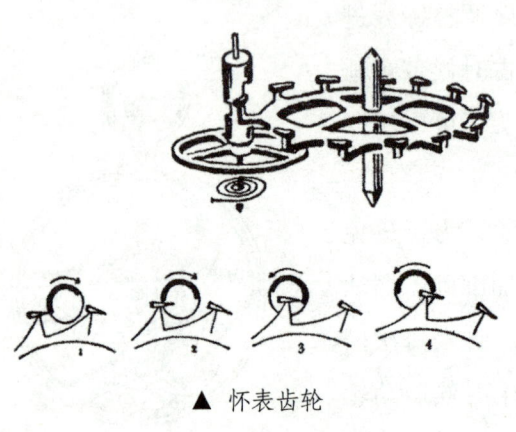

▲ 怀表齿轮

向左边转去,齿轮的路径也就让开了。在齿轮转出去后,又会抵着小管,游丝还会推动它向左边转动,就这样一直地重复下去。

钟表的保养

相信如果你拥有一个钟表都会知道在钟表的里面有着极其精密的结构吧?这样你也会非常爱惜你的钟表了。的确,钟表不仅是一个精密的机器,并且还是一个脆弱的机器,我们都要以最细心的方式去保护它。

试着想一想,如果我们将拖拉机推倒在地上它就会摔坏一些零件,而且

我们也知道，拖拉机也需要清洗和加油，否则它就没有办法工作。钟表也是一样的，如果我们将钟表摔到地上或很久不去保养，那么钟表也会停止自己的工作的。

那些拖拉机的司机都知道怎样的方法才可以将拖拉机保养得好，那么拥有钟表的人也因该知道怎样去保护钟表了。钟表的发动机就是一个弹簧，需要人们去转动它，不能让它变松，需要让它时刻保持一个紧绷绷的状态。

第一，需要在每天固定的时间来给钟表上弦。

钟表要提醒人们准确的时间，并且在相同的状态下进行工作。

第二，如果你把你的钟表放进了口袋里，无论什么时候都要直立着放。

装有怀表的环境是要干净整洁的，并且要经常清洗自己的衣物。

第三，钟表要固定每两年去钟表匠那里进行保养一次，而其他的，例如怀表和手表应该每年都去。

第四，一定要防止钟表生锈。

给表上弦

我们在什么时候给钟表来上弦才是最正确的呢？应该是晚上还是第二天的早上？答案是早上的时候。

因为你如果在早上给钟表上弦后就会将它装进自己的口袋中，晚上拿出来再次上弦，这听起来似乎没有什么不一样的，可事实上却不是，如果你在早上的时候上弦并把表放进口袋里，弹簧就会因为温度而变得又长又松，所以我们应该在早上给表上弦。

钟表急救

在平常的生活里，你一定生过病吧？感冒的时候头会疼，摔倒的时候受伤的地方会疼。其实机器也是一样的，那些制作的工匠们总是会认真去检查机器的健康情况，例如看看机器有没有因为摩擦而变得过热，有没有发出不正常的声音等等。多数情况下，润滑油就可以解决这样的问题，可在发生比较大的问题的时候润滑油也会无能为力的，这时，生病的钟表就需要找到钟表医生——机械师了。机械师会很快找到是哪里发生了问题，并且用自己的工具来将钟表修理好。

虽然钟表在发生问题的时候我们需要去找钟表匠看看，但很多时候，我们自己也可以解决一些问题呢。

如果你的钟表停止走动了，你需要检查一下是不是几个指针卡在一起了，如果这样的问题不存在就需要将钟表打开看看里面的启动轮是不是也被什么东西卡住了，这个时候你就需要用羽毛将其中卡住的东西轻轻地去除。

如果你的钟表走得比平日里慢的话，你就需要拨动一下控制装置。在转轮的轴上会有一个箭头，上面写着慢和快，你就根据这上面的字来进行调整。箭头的作用其实也是有限的，你必须每过几天就进行一次核对，可如果你的表还是很慢就需要继续进行调节了。

但是如果调整箭头还不能使钟表恢复呢？这个时候你就需要将它带去给钟表匠瞧一瞧了，如果一直将它放在家中就会出现更大的问题来。其实是个别零部件的润滑油出了问题，因为长时间不合空气接触的原因，它变得迟钝起来，而发条为了克服这样的迟钝就需要花更大的力气，最后因为过度的磨损而导致机器坏掉。

还有一个更加糟糕的情况就是表里面的发条断掉了，这样就无法走动了。

这种情况你可以自己试探着拿一根尖针拨动里面的齿轮，如果它自己转动，就说明你的法条断了，这个时候就必须将表拿去给修理匠看一看了。

钟表铺就像我们的医院一样，里面是各式各样的"病人"，而那些钟表匠则是最尽职尽责的医生，来尽快让那些钟表恢复健康。

怎么运输时间

你认为时间可以运输吗？

在1714年的时候，英国议员贴出了这样的告示：如果能有可以运送时间的人，就会赏赐两万英镑。

这可是个非常艰难的任务，因为时间怎么可以像平日里的货物一样进行运送呢？

不要以为这本书写错了或者是作者出了问题，其实运输时间，是必不可少的。

大家都应该知道在航海的时候，必须要测量经纬度，因为这样就不会走失。测量经度（测量本初子午线的距离），其实是不一样的。

身处在不同子午圈上的时间也是相同的，当莫斯科还是白天的时候，伦敦却已经一片漆黑了。因为莫斯科在伦敦的东方，而地球是自西向东转动，在这个时候，太阳还没有光顾伦敦。

所以你在旅行的时候如果想要知道这个地方的经度是多少，那么一块怀表就可以派上用场，用自己的怀表和当地人的时间做一下比较，如果你的时间比当地的快了两个小时，这就可以说明你已经向西边走了30度。

如果在大海中呢，你没有办法向任何人核对时间，那么这个时候，你就要向天上的星星和太阳来寻求帮助了。

但是如果有一块怀表就可以解决一切问题。

时钟的故事

说起来虽然很简单，可其实并不容易。我们的钟表并不是永恒保持不变的，它是脆弱的，不能被震动，可是在旅行的路上是充满了颠簸的，它的时间就会不精准，我们也不能完全去信任它了，慢一点的时间，哪怕是一分钟都会带来很严重的偏差，甚至导致迷路。

可到底应该怎么办呢？所以航海员在航海的时候带了极其精准的仪器，叫作航海计时器，它的来头可不小呢，那些全世界顶尖的钟表匠为了发明它，前后花费了100多年的时间，最终在英国人哈里森和法国人勒鲁瓦的手中诞生。

天文台

在这个世界上，根本就不存在没有一点误差的钟表。因为随着天气的变化，空气的湿润和炎热，还有生活中各种不可避免的碰撞，很多因素都会使钟表发生变化，无论多么精确的仪器也是无法避免这一点的。

▲ 格林尼治天文台外墙上的钟

温度的升高对着机器有着很大的影响，因为机器中的螺旋游丝会在受热后变得又软又长，这样就会影响计时器的速度了。

有一台极其精准的计时器，是在天文台。整个城市甚至国家都以它的时间为准，还有专门的人来看守这些机器。在普尔科沃的天文台，那计时器就被放在地窖之中。只有在上发条的时候人们才可以进入地窖之中，所有的温度几乎都会对计数器的走动产生一定的影响。

第04章
灯的故事

> 火是人类从自然界获得解放的一个巨大的推动力，火的使用"第一次使人支配了一种自然力，从而最终把人和动物界分开"。
>
> ——恩格斯

无数个爱迪生

如果问,是谁给世界带来了电灯?很多人会不假思索地回答:是美国的发明家爱迪生。

▲ 爱迪生

但是,你的回答是不准确的。很多人都为"人造太阳"的发明献出了无数的汗水,爱迪生只是他们其中的一个。不论是马路上的路灯,还是我们房子里的电灯,都是很多人共同努力的结果。

在电灯没发明之前,黑漆漆的夜里一盏灯也没有,人们只能用煤油灯来照明,这些光源发出的光线不但昏暗,并且会冒出呛人的黑烟。

与我们现在所用的灯相比,当时的那些灯简直没有任何优点。虽然以前的灯是那么落后、过时,像茶盏一样,但现在的电灯却是从它们身上逐渐演化而来的。

无数的科学家付出了辛勤的汗水和不懈的努力,才发明了电灯,让我们的夜空变得绚丽多彩。

▲ 灯泡

屋子里的火堆

虽然油灯在现在看来很丑,但和以前的灯比,它也算精致的。

巴黎在1500多年之前,有一个被人称为琉提喜阿的小镇,当时的环境很不好,当然也不会有电灯,到处都是草房和瓦房。如果走进那时的屋子,你会看到在屋子的中央有一堆燃烧着的火。柴火所产生的烟尘弥漫在屋里,熏得屋里人的眼睛酸痛流泪,进入人的肺,使呼吸变得困难。

火堆就算是人类最原始的电灯了,同时灯也是灶,而且还有炉子的功能。但那时人类的房屋是木质居多,点一堆火是很危险的,所以经常着火也就不足为奇了。人们很畏惧火,因为人们认为火就像野兽一样可以随时将屋子给吞噬掉。

▲ 火堆

大概800多年之前,带有烟囱的炉子才开始出现在欧洲。俄罗斯更晚些才出现。当时由于烟囱还没出现,在生火的时候,为了使烟能够散出去,人们就只能将门打开。可是这又会使屋里的温度降低,为了防止孩子感冒,也为了不被烟熏,人们就给身体虚弱的孩子穿很厚的衣服。

取代火堆的照明木片

用一堆柴火照明既浪费还不方便，室内往往变得很闷热并且带有很多烟尘，所以聪明的人们就用一根点燃的木片代替了冒烟的火堆，干燥且笔直的木柴是制作这样的木片的好材料，只需要从上面取大约半米的长度，就可以用来照明了。

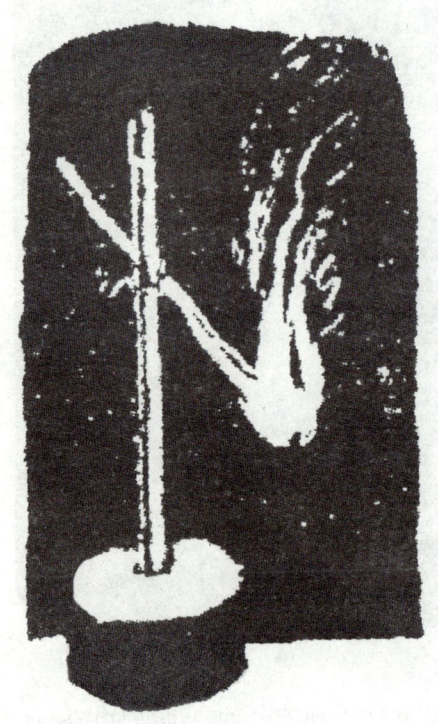
▲ 木片照明

这可是一个很有效的发明，就是这样的一根木片，人们使用了数百年的时间。虽然比火堆要好很多，可是如何点燃它也是一个难题。就像引柴也是有技巧的，一般斜着拿木柴会更容易一些，如果将燃烧的那头朝上放的话，火就很容易熄灭，这其中的原因是什么呢？

由于火焰温度很高，其附近空气也很热，热空气要比冷空气轻很多，所以它们会向上升起，热空气就会带着火焰和它一块上升。所以木片是需要斜着拿的，尽量让被点燃的那一端向下，这样才会避免木片熄灭。但人们也无法用手一直拿着木片，怎么办呢？人们又想出了一个办法，用一个座子将照明的木片固定住，这样的一个座子其实就是一个直棒，把它放在支架上，在直棒上放一个铁质的夹子，照明木片就可以这样固定。

虽然简单，可是这样的照明工具却很实用，它所发出的光十分明亮。美中不足的就是这个灯在燃烧时也会产生黑烟,为了防止引起火灾,还不得不将一块铁块放在它的下面,并且需要人专门照看着,在它熄灭时及时更换木片。由于成年人都很忙,一般都由孩子去换木片。

火炬下的光明

也不是所有的树木都可以当作照明材料的,正因为这样,人们开始去寻找这种照明材料的替代品,很快,那些含有树脂的木材引起了人们的注意,因为如果用它们来制造照明木材的话,所发的光更明亮。人们认识到引起这种现象的原因不是木材而是树脂。人们开始使用浸泡过树脂的木材,它比天然木片更好。就这样,原始的火炬就诞生了。

这样的火炬所发出的光非常明亮,就连那些用来举行隆重宴会的礼堂也使用这种火炬来照明。关于火炬还有一个有趣的故事:一位叫作加斯得·法的贵族,在他吃饭时,必须要有12个仆人为他举着火炬,将他的整个古堡都照得很明亮。不过在皇宫中,这些

▲ 点燃的火炬

火炬并不是仆人所举着的,往往会用人形的雕像来举着。即使到今天,我们也经常可以见到这样的火炬和照明木片。

最早的灯

在法国的一个山洞中,考古学家发现了用鹿角做成的鱼叉和用火燧石做的刮刀,还发现了用岩石做的茶杯。在这个茶杯的底部,考古学家发现了一层黑色的物质,经过科学家的研究发现,这层薄膜是油脂燃烧后留下的物质。

▲ 没有灯芯的油脂燃烧灯

人类历史上最早的一盏灯就被这样发现了。这盏灯表明当人们在山洞生活的时候,灯就出现了。但当时的灯既没有灯芯,也没有一个像样的罩子,那么我们就能想象一下当时的人类生活多么艰难。在数千年之后,不会冒黑烟的灯才出现在人们的生活中。

工厂里的烟囱和灯

在燃烧时,灯为什么冒出黑烟?其实这和烟囱中会冒黑烟的道理是一样的,浓浓的烟从工厂的烟囱中冒出来,但不要认为是工厂里的炉子有问题,或者是锅炉工的技术不好。其实这只是因为木材并没有完全燃烧,这些没燃烧的部分变成黑色的粉尘通过烟囱飞出来了。

但是这些飞出的黑烟并不是木材,只是烟炱,也就是那些没有烧掉的微粒状的炭。之所以产生这个问题，是因为炉中的空气不足以支持燃烧；烟囱的风门是控制木柴完全燃烧的关键，及时地开闭风门，能够使炉子中的空气保持在一个充足的状态。但是，如果空气不足，木材就很难完全燃烧，会以黑烟的形态从烟囱中飞出。空气太多也不行，因为太多的空气会使炉子中的温度不断降低。

▲ 冒黑烟的烟囱

其实灯盏中出现的黑色物质也是微粒状的炭，也许你会疑问，在灯的火焰中为什么也会有炭呢？在煤油或者其他燃料在燃烧的时候就会产生炭，虽然我们在它们的表面看不到炭，因为你在盐水中也不可能看到盐的存在。如果我们能把煤油灯做得更加科学合理的话，也许我们的煤油灯就不会再冒黑烟了。

在古代的时候，煤油灯都会冒烟，因为燃烧时空气并不足够，燃烧缺少氧气使燃烧不完全进而产生炭。太多的油脂一下子充满灯盏，是形成空气不足的主要原因，如果想办法使油脂慢慢地向火焰流去，就会使这种状况得到改善。灯芯就是根据这样的设想而制造出来的。我们知道，灯芯是由好多线组成的，由于存在虹吸现象，我们将纸放入墨水中会引起墨水向上爬就是因为这个原理，油脂顺着每一根线逐渐地在火焰中燃烧。

▲ 煤油灯

茶杯里和碗里的灯

庞贝和赫库兰尼姆，大家一定听说过，它们都是被维苏威火山爆发时产生的火山灰所淹没，如今经过考古挖掘，这两个城市里的房子、马路以及广场都已重现天日，各种家具被人在当时的屋中挖了出来，在这其中也包括各种灯盏。这些灯盏都是用黏土制成的，它们大多存在于罗马时期，而且一些青铜饰物也出现在了它们的上面。这些灯看起来就像一个碗，灯芯是从碗嘴中伸出来，灯座的侧面有一个便于移动的手柄，只需将植物油倒入其中，灯芯就会逐渐地燃烧起来，所以在点灯时，需要将灯芯从碗中拿出一部分。

▲ 古老的油灯

虽然过了几个世纪的时间，但是灯在结构上并没有很大变化，中世纪的灯和庞贝城中出土的灯几乎没有什么变化不同，唯一明显的区别是中世纪的灯盏更深。油和灯芯才是灯的关键部件，与之相比灯盏却没有很大的作用，没有灯盏，灯反倒会很容易点燃。

将灯芯浸在液态的油脂中，再将它取出来，这种过了一层油脂的灯芯冷却之后就相当于一支蜡烛。古代的蜡烛就是这样做出来的，那时的人们在一根木棍上多缠几根灯芯。灯芯需要在油脂中浸几次，这样才能在它的表面形成一层很厚的油层，我们将这种蜡烛称为"浸烛"，很多的家庭是不买烛的，因为用这种简单的方法就可以做出烛。

经过不断发展，人们又制成了用来浇制烛的模型，这种模型通常是以白铁或锡为原料的。用这种新的方法所制成的烛比"浸烛"要好看很多，而且还能够用蜡来制作，但是这种用蜡做的烛很贵，当时只有宫殿或者教堂才能用得起，甚至只有在很重要的场合中，国王才舍得用。在当时蜡烛的多少是判断宴会地位和豪华程度的标准。

不过，那么多的蜡烛同时在一个地方点燃，可以想象，这样的地方是多么热，扇子在这种宴会中成了一种必需品。但是最大的痛苦还不是热，而是蜡烛燃烧时所产生的浓烟。当时的蜡烛并不是一种谁都能买得起的商品，就算是用油脂做的烛的价值也很高，而蜡烛就是名副其实的奢侈品。甚至到了19世纪，一家子一夜才用一支烛，如果点上两支或三支蜡烛，这种情况一般只有客人来时才会出现。当时一个舞会只点三支蜡烛，你觉得很可笑吧，那是因为和现在相比，就算点几十支烛，我们还是感觉很暗。

▲ 蜡烛

当我们感觉硬脂蜡烛很差劲时，对于我们祖先来说，油脂烛已经是生活中不可或缺的照明工具了，虽然点燃时它会产生很多烟，还需要经常剪烛花，因为不这样，烛就会全身布满眼泪，这样灯芯就不能完全烧掉，泪珠越多，火焰也会越大，就像如果灯芯被整个拔起来，火焰也会变得更大，并且会融化很多的油脂沿着蜡烛流下。为避免这种情况，就需要经常剪烛芯，烛芯钳就是专门做这个的工具。

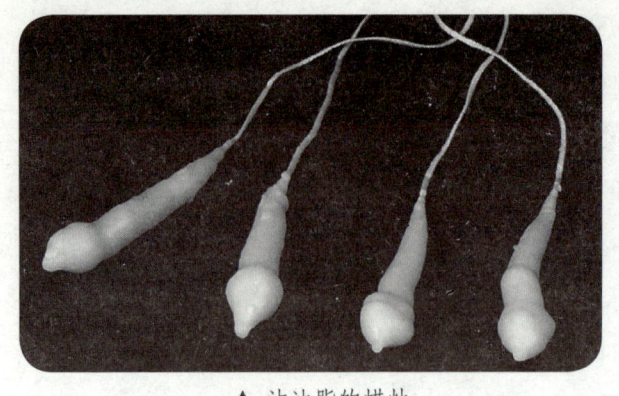
▲ 沾油脂的蜡烛

其实用手指也能剪烛芯,不过因为这样做会有失体面,所以很多有地位的人家都会用烛芯钳来剪掉烛芯,剪掉之后就可以直接把它扔掉,但是还要把它及时踩灭。用当时的话来说"别被什么臭味给熏着了"。如今人们所用的已经是烛芯做得比较好的硬脂烛了,人们也不需要经常去剪烛芯了。

火焰只有外面接触氧气的外焰才会有很高的温度,这个原理是很好证实的,首先取一张纸,快速将它覆盖在火焰的上方,我们可以看到纸上所烧出的是一个圆状的圈,从这就可以看出,火焰内部的温度是低于外部的温度的。对于油脂烛来说,烛芯是位于火焰的中央的,所以它很难完全燃烧,在顶头经常会出现半焦的一段烛芯。硬脂烛中的烛芯是编织的,而不是搓的,并且整个烛芯编得也很紧凑,烛芯位于火焰温度最高的部分,会随着烛的燃烧而不断烧下去,而不会产生半焦那段烛芯。

烛钟

在古代,如何确定时间对于人们来说也是一个重要问题,虽然当时没有钟表,有智慧的人却能够通过蜡烛来判断时间。有这样的一个故事,在查理五世统治时有一个小教堂,在那里面不间断地燃烧着一支烛,这根蜡烛被分成24份,每份都是用黑线分开,通过蜡烛燃烧到哪一部分就能知道具体的时间,看守蜡烛的人会向国王报告相应的时间。可以想象这支蜡烛一定很大,至少能够燃烧24个小时。

数百年前的黑暗

自火炬、油脂烛和蜡烛发明之后，漫长的时间里，人们就是依靠这微弱的光明来驱散黑暗。除了光不是很明亮之外，当点燃这些照明工具的时候，都会产生不少的烟尘，有时候还会产生噼啪的声音，这些响声对一些人来说简直就是一种折磨。没有玻璃罩，手提灯在当时都带有一个烟囱，这个烟囱一般是金属做成的，如同一个筛子一样，这样的一个烟囱布满了小孔，带给人们光明的光线就从这些小孔中透射出来。

当时路灯那种可以不更换灯芯的灯还没有出现。有时候晚上没有月光，那真可以说是伸手不见五指。和现在相比，当时的条件是更

▲ 中国古代的油灯

加需要路灯的，因为当时的马路还比较少，污水、垃圾到处都是，不仅肮脏，路上还不很平坦。为了安全，人们只能沿着房子走，但这样并不能将所有的危险都避开，说不定楼上的一盆污水就"幸运"降落在你的头上。

▲ 古式手提灯

有这样一个故事：在一个没有月光的夜里，四周漆黑一片，一名绅士正摸索着在路上行走着，当他到一处房子时，突然一盆东西从天而降，正好泼洒在了他的头顶上，当时他脑海中只有一个字那就是臭！不但要忍受着臭味，等到回去还会被朋友嘲笑，又会是一次

灯的故事

尴尬难耐的局面。所以为了不被这样从天而降的"礼品"砸中脑袋,晚上比较富有的人出门都需要一个仆人提着手提灯在前面探路。

白天 与 黑夜

在很早以前,人们的生活都遵循自然规律,日出而作,日落而息,城镇和乡村也没有差别。没有灯,所以是不存在夜班的,在那时,几乎所有的货物都来自手工作坊。不过随着工业化的到来,大型的作坊开始兴起,工厂也开始出现,随之而来的是城市生活的巨大转变,夜班和长工作日成为工厂生产工作方式,在太阳还未升起的时候,工厂里的汽笛就开始催促着工人开始起床上班,于是城市的人们开始起得更早,但睡得更晚,人们再也不按照太阳的自然规律生活了。

▲ 小型煤油灯

所以人们对于灯的需求越来越强烈,要求越来越高。之前那些灯之所以冒着黑烟,就是因为空气进不了火焰的内部。法国人列齐亚后来认为,灯芯没有必要都要捻成圆形的,我们可以把它做成扁平的带状的,这样空气就进入灯芯内部了,还增加了空气与灯芯的接触面积,因此火焰大了很多。这种灯芯就被用在小型煤油灯中。

在那时想到把一个玻璃罩罩到煤灯外的人叫阿尔甘,后来还发明了更好用的灯芯。它的做法很简单,就是把灯头做成桶状的,这样一来,空气就能很容易进入灯芯。阿尔甘灯的灯头后来又被用在了比较大的煤油灯中。阿尔甘灯的灯头上面有一条细缝,还有一个金属

▲ 带玻璃罩的油灯

管，灯芯就存放在这个金属管中，这个金属管上面有很多小孔，空气就通过这些小孔进入灯芯中。

阿尔甘灯的发明让我们受到很大启发，但是还有一些人不喜欢。一个年长的女作家德·让利斯伯爵夫人曾经说道："自从有那个灯流行，好多年轻人也都带上了眼镜。"然而这种说法是不正确的，因为阿尔甘灯对人类的眼睛没有任何伤害。

第一盏路灯

从茶灯到阿尔甘灯这几百年的时间里，城市的街道和马路却发生了巨大变化。第一个点亮街道灯的城市就是法国巴黎，其实当时的路灯是这样的：在巴黎，警察要求市民每家每户在晚上九点以后，都必须在自己家底层的窗台上放一盏灯。因此，过了一段时间，就涌现出一些专门手持火炬、提灯的人，只要给他们一些钱，他就会帮你提灯。时间又过去几年之后，发生了一件非常重大的事，巴黎街上出现了路灯！路易十四更是下令铸造一个纪念碑来庆贺这件事，一些外国的游客记录下了巴黎的灯火给他们带来的欢乐。有记载说，路易十四掌权的时期被称作是"光辉时期"，或许这就是由来。

读一些那个时期人们写的回忆录，我们会感到很有趣，我手边就有一本名字很

▲ 路灯

长的书,叫作《巴黎游记,或者给那些在巴黎旅行的绅士们的详细指南,告诉他们应该怎样做,以便于合理地安排自己的时间和金钱》。这本书作者就是太子殿下瓦里捷克的顾问约希姆克里斯托弗聂美茨,他是在1718年的巴黎完成的。这本书的其中一页,就描写过巴黎有路灯的情景:

▲ 巴黎夜景

在晚上10点甚至在11点,你还可以安全地走在大街上。夜幕降临,所有的街上、桥上都会点起明亮的灯火,这个一直会持续到凌晨两点多。这些灯之间的距离是一定的,它们用链条悬挂在街心。你站在大街上,尤其是在十字路口,看着这些明亮的灯光,美丽得让人痴醉。

当时的小店、咖啡厅、酒馆以及烟铺每天都会经营到晚上10点到11点。这些店里面的灯光也就会通过窗户照到大街上面。因此,当天气比较好的时候,大街上的人,夜里和白天差不多。在喧嚣的大街上几乎不可能出现谋财害命的事情。我敢肯定,在一些偏僻漆黑的小道上,你很有可能遭遇不测。因此我建议,你尽量别在漆黑的夜里出来逛街,尽管有一些骑着马的士兵在巡逻,但还是有些地方是他们看不到的。那时在一个深夜里,利齐蒙特公爵的马车在距离新桥没多远的地方被拦截,有一名歹徒闯进马车把公爵刺死。

在晚上11点以后,就很难再雇佣到马车或者轿子了,为了安全和方便,最好就是带着一个随从,这样就有人给你提灯了。

在1765年,巴黎的马路上安装了新型的"反光灯"。这种灯不是蜡烛,而是用油脂做的灯，里面因为安装有反光板能够让灯变得更明亮。

新式的路灯使用了很久，当时还有一些关于路灯的故事，有一个曾经被拖到路灯下准备被绞死的教士，只是喊上了这样一句话就捡回了一条命："行啊，你们把我绞死吧，但是这可以让你们的世界变得更光明吗？" 20多年过去了，在巴黎之后，伦敦也被灯火点亮。有一个人叫作爱德华·黑明格，他很擅长发明创造，并且只是收取很低的报酬，就可以给每隔十家就安装上一盏灯。

实际上，除了在没有月亮出现的黑夜之外，他们也用不到灯，这里的一年四季除了冬季的晚上，其余的时间也都不用点灯，但是他的建议依然让人们兴奋不已。人们把他叫作天才发明家，并且表示"任何发明都比不上让这黑夜变成白天的发明伟大"。19世纪30年代，俄罗斯的道路上还点着油灯的时候，著名作家果戈里在他的小说《涅瓦大街》中对彼得堡大街的夜景有过这样的描述：

每当暮色撒向房屋街道的那一刻，披着亚麻布的更夫就开始爬到梯子上，点燃路灯……此时，涅瓦大街复活了，又一次热闹起来了。于是神秘的时刻又要到来了，所有的东西被灯蒙上一层奇幻的光幕。长长的影子沿着墙和马路不停地跳动，它们的顶部眼看着就要触及警察桥了。还请看在上帝的份上，远离那些路灯吧！

▲ 彼得堡夜景

当你经过它们的时候，请您能跑多快就跑多快。若它们那难闻的油没有滴到你的燕尾服上，那可就真的是万幸了。

烛台上的煤气厂

大约在19世纪初期,昏暗的油脂灯和油灯陪着人们度过了漆黑的夜晚,可是晚上的时间也并不好过,因为看书还是比较困难的,如果字体比较小,那就什么也读不到了!灯在点燃之后的一个小时之内还是比较亮的,但是过了这个时间,灯光就会变暗了。黏稠的植物油无法爬到灯芯上,灯芯就会在头部结上烛花。大约要过两个小时,就不得不再次点燃它。人们就一直在思索到底用什么东西可以把油替换掉,于是便有了一种新型的燃料。几千年前,照明用的木板被油淘汰了,这次油又被一种气体淘汰了,这种气体就是煤气。

▲ 吹灭的蜡烛

这里的煤气可不是我们现在家庭中的煤气。假如吹灭一根蜡烛的时候,我们就会看到蜡烛芯里升起的白烟。这一种白烟可以用木条点燃,火苗就会顺着火柴跑到烛芯上面,这样蜡烛会被点燃了。一支蜡烛就是一个小型的煤气厂,燃烧的时候硬脂油脂熔化,然后就变成了煤气和水蒸气,那就是我们在吹灭蜡烛的时候看到的东西。燃烧着的煤气和水汽就成了火焰。这种现象也会发生在灯里面。油脂和硬脂在燃烧的时候就会变成煤气和水蒸气,然后就会形成火焰。

第一个煤气厂

有人想到燃烧的煤气不一定都得由灯的本身产生,我们可以制造一个煤气厂,然后让气体顺着管道来到灯头里面,这样我们就不用从油脂中去得到煤气,可以换做其他廉价的材料,这种物质就是煤。这个人叫作威廉·麦克多,他就是英国制造出第一台蒸汽机的人,麦克多起初只是一名工人,但是后来就靠自己的努力成了马修·博尔顿和詹姆斯·瓦特工厂中的一名工程师,这座工厂就是制造出第一台蒸汽机的地方。

▲ 詹姆斯·瓦特

▲ 马修·博尔顿

麦克多就在这著名的工厂中建造了自己的煤气厂。他清楚这不是一件简单的事情,如果想得到煤气,就应当给煤气加强热,但是一旦煤气被烧得很热,它就会燃烧起来,这样煤气就不会制成了。为了解决这个问题,麦克多就想到了一个简单的方法:他把煤放到一个密闭性很强的炉子中加热。这种炉子叫作转炉,它里面无法进入空气,没有空气,煤气就不会发生燃烧,然后可以通过一支导管把煤气从炉子中引导出来。但这种方法还是有一些缺陷:煤气产生的同时还伴随着大量的黑烟和水蒸气，煤气从转炉中出来冷却之后就会使水蒸气冷凝成液体的水。如果水蒸气顺着导管和煤气一起走，会堵塞导管。为了避免此种状况的发生，工厂的工人就很小心地把煤从烟黑、水分中分离出来，这个办法也就是让煤气首先通过一个冷却装置，用一组直立着的管子在外面通过冷却水或空气将煤气冷却，这样，烟黑和水蒸气就会凝结在一起，流出管道。而此时的煤气已经变得纯净，继续向着灯头前进。

当麦克多做煤气灯实验的时候，有一个叫菲利普·勒邦的法国人也做了同样的研究。1811年，在一本名叫《最新发明、发现和改进》的书中，写了以下内容：

> 乐邦先生在巴黎已经证明了这个事实，燃烧一种他正在一直想收集的烟可以得到让人们感到十分舒适又安逸的光芒。他的发明照亮了整整7个房间和一整座大花园。发明家把自己的灯叫作"取暖灯"，即是"热光"。

制作一个煤气灯头比发明一盏灯要简单得多，只需要在煤气管的末端安装上一个带有一条小缝的圆顶状的东西，我们只要把从小缝跑出来的煤气点燃就可以享受到光明了。

▲ 煤气灯

之后，人们又想把阿尔甘灯运用到这个灯中，但是阿尔甘灯里面没有那样一条小缝。这个灯头的外面和其他的灯一样罩着玻璃罩。当煤气出现的时候，油灯的结构已经相当完美了，因此油灯的结构外形就被很多发明家拿去用到煤气灯上。

当时煤气在人们心中的地位，不亚于后来无线电和飞机给人们的影响。当时，人们到处都在谈论煤气，现在我们来看一下煤气灯的一段报告：

无论是白天黑夜，人们都可以在房间中点上一种灯，它用不着人们的看管，只需把它吊在天花板上，它的光芒就可以照亮整个房间，它不需要投下阴影的烛台，不会冒烟。

那些时候的一些杂志上面都有一些关于煤气的诗歌、漫画以及讽刺画。其中的一张漫画就是一个摩登女郎，她的旁边就站着一个女乞丐，摩登女郎没有脑袋，代替它的就是一盏煤气灯，而乞丐的脑袋则是一盏油灯。

另外一张画的是用细腿跳舞的煤气灯，而它的旁边就瘫坐着一盏臃肿肥胖的油脂灯。这一盏油灯底，好像是一棵树，下面坐着两个人：其中一个人是拿着书的老头，另外一个是正在织袜子的老太太，他们正在微弱的油灯下努力辛勤地工作，融化着的油脂滴在他们的头上。

小商铺的老板在刚开始就不敢使用煤气灯，他们害怕煤气灯发生爆炸引起火灾。煤气沿着地下管道穿过每条街道，就像自来水输送管道一样，区别仅仅是在于水塔要尽量往高处建设，

▲ 路旁树立的煤气灯

为了使水压可以达到每一个楼层；而煤气厂则要建设在每一个城市的最低处，因为煤气很轻，它往上走比较容易。现在的煤气已经是煤气灶的重要燃料了。

蜡烛中的公子哥

街上虽然都燃起了煤气灯，但是普通人的家中依旧是很黑暗，因为煤气用于家庭照明实在是太贵了，而油脂烛和油灯又让人觉得很不舒适。有人说，作家别林斯基的写字台上就放着一台油灯，但是他从来就没有点燃过，他一

▲ 中国古代精致的烛台

直都是点燃着两支蜡烛伏案工作。

在人们还没有找到一种新型的、更好的燃料之前，总是在努力地改善旧的燃料，使它变得更好。当时人们发现用柔软油腻的油脂可以制作出漂亮的蜡烛，它们不会弄脏人们的衣物，燃烧起来又没有黑烟。要制作出这样的蜡烛就需要提炼出最好的、最硬的那一部分油脂，就是硬脂。油脂是由多种物质共同组成的，主要包括甘油、脂肪酸。脂肪酸的种类也有很多，其中分子质量大的相对较硬的叫作硬脂酸，分子质量较小的，相对较软的叫作混脂酸。

要从油脂中提取硬脂，就得首先分离出甘油。这就需要把油脂放在水和硫酸溶液中进行加热，漂浮起来的就是脂肪酸，融在水里的就是甘油。然后把脂肪酸放入压榨机，把硬脂从里面压出来，这样我们就得到硬脂块，然后还要再把硬脂块熔化，就可以定型制成蜡烛。硬脂蜡烛是法国人发明的，在不久后就有硬脂工厂在欧洲建立。新的光源让人们为之高兴，因为它和以前油脂灯比起来好多了。

下面我们来看一下革命者索菲亚的兄弟别洛夫斯基是怎样评价硬脂蜡烛的：

在那时，人们晚上点燃照明的都是油脂蜡烛，打牌的桌子上面也是这种蜡烛，它的旁边还专门放着剪烛芯用的钳子，烛盘钳子都是用银制成的，我

▲ 龟鹤同台

们也都是一直用这种蜡烛在书房工作的。有一次,父母出差到了一趟彼得堡,带回来了一件新的东西,那就是一整箱蜡烛。没有多久就到12月4日了,那是母亲的命名日,我们举办了一个小型的舞会,所有的房间里的吊灯上、灯座上都点燃了这种蜡烛,灯光的效果真是美妙得让人惊讶,惹得很多人过来观看。

在日本的一个杂志中有这样的一幅画:两支硬脂蜡烛被画成一对盛装的夫妻,头上顶着一支很大的硬脂蜡烛,骄傲地站在当中,右边有一个脏兮兮的鞋匠,头上顶着一支油脂烛,油脂滴在他的衣服上,像冰柱一样的从他的鼻子上流下。左边是一个头上顶着蜡烛的仆人,手里拿着一根长棍子,这根棍子是用来提灯笼的。油脂烛和普通蜡烛都是光线很暗并且有黑烟异味的,只有硬脂蜡烛才是最亮、最干净的蜡烛。

这些画都是通过采用对于仆人和鞋匠的地位低下,来衬托公子哥的地位,更显示出了使用不同照明工具的人都有着不同的地位。

问题其实很简单

蜡烛的问题最终还是被人们所解决了,但是灯依旧还是那些灯,没有进展。无论多么好的想法,无论加入多少东西,比如说:汞、弹簧等,都无济于事,灯还是那样,没有改变。不管灯的结构如何改变,始终都解决不了问题,因为问题不在于灯,而是灯里面的燃料。自从19世纪中期,人们学会了如何在石油中提取出煤油,这时候,一切问题都迎刃而解了。在这些问题中最难的就是

▲ 西利曼

如何把天然的、没有充分燃烧的东西可以变得燃烧得比较好。

而煤油比起以前的那些燃料又是另外一回事了，煤油和以前的那些油脂比起来，更容易让灯芯吸收，因此煤油灯的发明者，一个名叫西利曼的美国人，就根本不用再发明什么灯具了，他只是把以前的煤油灯中的一些没用的部件，比如说汞和弹簧拆去，就成为了新的煤油灯了。其实好多事就像这样，每当人们绞尽脑汁想发明创造一些复杂的东西的时候，往往会想得很多，以至于最后结果不理想，他们最后才发现，其实那些胜利的果实就在他们身边，需要的仅仅是一把钥匙，而这一次，煤油就是那把钥匙。

没有火的灯

拨火棍不是灯，这我们每一个人都很清楚，但是，我们可以让它发光，只要我们把它放到炉子中，它就会在炉子中加热，然后随着时间的增加，它的温度也越来越高，直到变得通红。如果我们持续加热，它就会由暗红色变成樱桃红，然后变成淡红色，之后是黄色，到最后就成了白色，那也就是白热化的现象。

当然，家用的炉子不能使拨火棍变成白色，这是因为家用炉子的温度达不到那么高。使拨火棍变白色是需要很高的温度的，一般的温度计也计量不了这个温度，因为这个温度有1300℃。任何一个灯具、蜡烛，它们的发光原理其实和拨火棍发光的原理都是相同的，都是因为加热到了一定的程度就会发光，也就是白热化。在蜡烛和灯中都会有白热化的炭的微粒，就好像在太阳的照耀下，看到的那些漂浮在空气中的粉尘一样。一般情况下，我们是看不到它们的，只有在它冒烟的时候才会看到。黑烟可不是什么好东西，但是如果火焰中没有黑烟的存在，那就更不好了，因为黑烟就是燃烧过程中产生的炭粒，虽然酒精灯没有这种炭粒的存在，但是酒精灯的灯光很微弱，几乎看不到。

也就是说，问题的关键就在已经白热化的炭粒里面，煤油灯的火焰就是炭白热化的结果。要是没有火，炭照样可以达到白热化，比如采用电流，第一盏灯就是这样做成的。如果在300年前有人给你说，将会有一种没有火的灯出现，你肯定不会相信。其实在那时候已经有人开始在研究没有火的灯了，这种灯就是电灯。这其实就和现在一样，我们不知道的东西有很多，可我们的科学家正在研究的一样。

在最初，没有火焰的灯是由俄国科学家瓦西里·彼得罗夫发明的。那时候研究发明电灯真的很困难，因为那时候的物理学发展缓慢，很多科学原理也不够成熟，电流方面的知识就更少了，最糟糕的是只有很少的人才知道有电流存在。在那时也没什么发电站，发电只是在实验室中进行。电流是从电池当中得到的，这时，它沿着一根电线从电池的正极出来，然后经过用电器，比如灯、电机等，又经过电线流向负极。电流就是在导线中流动存在了，电流

▲ 彼得罗夫

流出的那一端就叫作正极，用"＋"表示，电流流向的那一端叫作负极，用"－"表示。要想得到比较强的电流，就需要把几节电池串联起来，构成电池组。

现在，我们来复原一下彼得罗夫曾经做过的实验：他用两个炭棒，一个用导线连接到正极上，另外一个连接到负极上，然后他把这两个棒的两端靠近，此时就会有电流击穿空气，相互接触，当这两端的空气达到白热化的时候就会形成电弧，如果我们观察得更仔细一些就会发现，一股白热化的炭微粒组成了电流，从炭棒的正极飞向负极。这就是在正极的棒上形成一个凹穴，在负极棒上形成一个凸起。棒的两端的距离相隔越来越远，由于棒的一部分都已经燃烧了，为了使电弧能够延续不断，这就需要把炭棒隔一段时间靠拢一次。这一条

▲ 伏特

电弧被称作伏特弧,这是为了纪念一个名叫伏特的科学家,这个科学家和另外一些人一起创立了电学理论的基础。

伏特弧和煤油灯以及煤气灯的火焰是一样的,里面也是由于白热化的炭在发光,唯一的区别在于,这一次使其发光的不是火,而是电流。电弧本身的光是十分微弱的。彼得罗夫曾经写了一本书来描述自己的实验过程,这本书在1803年被出版,按照当时的习惯,这一本书也有一个很长的名字:

《物理学家,瓦西里·彼得罗夫教授做伏特电流的实验报告,使用的是一个巨大的电池组,它是由4200个铜锌卷组成的,现在位于圣彼得堡外科医学院》

在这本书中彼得罗夫就讲述到了电弧的一些现象:

如若把一根炭棒靠近另外一根炭棒,它们之间就会有一道十分明亮的白光或者说是火焰,于是,炭棒就会燃烧起来,这样,黑暗中便有了一道光亮。

这就是最早的关于电灯的文字。却只有很少的人才知道这些文字,因为当时的圣彼得堡正处于农奴时期,很少人在乎这些,而且,外国的一些科学家对俄国又了解甚少。

在之后的大约13年后,英国的科学家汉弗莱·戴维才又一次发现了伏特弧,英国国王为了表彰戴维对科学作出的贡献,还封

▲ 汉弗莱戴维

他为男爵,并尊称他为"戴维阁下"。戴维的名字也因为他的发明而名扬欧洲。但是,早就发现伏特弧的优秀的物理学家彼得罗夫的命运却没有那么幸运,他的发现不被人重视,甚至毫无理由地被革去职位,在人生的最后几十年还背负着"落后的科学家"的骂名。

复杂的灯回来了

当初,伏特弧只是一个比较有意思的科学实验,还没办法运用到灯中去,因为炭棒燃烧得实在是太快了。又过了30年,才有一个科学家用焦炭来代替之前的木炭,焦炭是煤气厂中提取煤气最后剩下的东西。

研究发现,焦炭要比木炭燃烧得要慢,但是要是想看到电弧,还需要拉近炭棒之间的距离,于是灯里面再次出现了机械装置。这一次使用它的主要原因是想在燃烧的时候使焦炭的距离被拉近,保持两个炭棒间的一定距离。带着这种机械装置的弧光灯在巴黎的马路上首先出现。它的光芒照亮了整个广场,但是这种灯的价格在当时来说实在是太昂贵了,因此没有人愿意使用它。

俄罗斯之灯

在大约19世纪60年代,人们就把电灯称之为"俄罗斯之灯",因为第一盏实际应用的弧光街灯就是由一名叫作雅勃洛奇科夫的俄罗斯人发明的。雅勃洛奇科夫想到了,两根炭棒不应该两端对着放置,而应该平行并排放置,这就可以使两端的距离不会发生变化,它就会交替着给两根电棒输入电流,先是一根棒做正极，这根棒会燃烧得比较快，等一会换另外一根棒做正极，这一根棒也燃烧得快了，这样，两根棒的燃烧速率是一样的。雅勃洛奇科夫之"烛"能够发出美丽动人的红光或者紫光，它一度成为了巴黎的一条主街道上的最著名的光。

第一盏电灯

曾有一段时间，人们想要把灯变得更加明亮，这让每一个人都伤透脑筋，但是在几百年后，科学家们又在为让那灯光变得暗一点又动上脑筋，耗电量过大，并且其亮度太高了放到室内都会刺伤人的眼睛和皮肤，于是人们就在想，怎样才可以让这种灯的灯光变得暗一些。

于是，就有人想到不用任何的伏特弧，仅仅靠电流将炭白热化，这样事情就容易多了。给纤细的炭丝通上电流，炭就会发热，当温度达到了550℃的时候，它就开始发光，光在一开始是红色的，随后就变成了白色，之后越来越白，最后当温度升得很高的时候，光线就会变成白色。这就和之前我们把拨火棍放入火炉中的效果是一样的。

▲ 爱迪生的电灯实验

可是当人们就在尝试着在炭丝中通入电流时，炭丝一下子就燃烧完了，这样灯就会灭了。这时候要想炭丝不燃烧，就必须使灯中的空气抽掉，没有空气的存在，就燃烧不起来，或者往里面冲入惰性气体，比如说氮气。

煤油灯和蜡烛的燃烧和人类呼吸是一样的，都需要空气，但是电灯却恰恰相反，空气恰好能够阻止电灯工作，电灯在工作的时候不需要火焰的，也不需要燃烧，其中主要原因是电灯白热化要的不是火焰，而是电流的作用。

大多数人都认为，第一盏电灯其实是美国的发明大王托马斯·爱迪生发明的，其实爱迪生也是这么认为的。在接受美国杂志记者采访的时候他讲到自己的发明，他说："当世界了解我的照明工具的本质的时候，它会震惊，为什么这么简单的一个东西之前人们没有想到呢？"但传说另一美国人亨利·戈培尔比爱迪生早数十年已发明了相同原理和物料，以及可靠的电灯泡。

▲ 亨利·戈培尔

爱迪生的发明

爱迪生在他发明的电灯中使用的是炭化竹丝。在制作电灯的时候，他把灯里面的气体基本上全部抽了出来，这样做的目的就是为了防止炭化竹丝烧焦。

当我们把灯泡里的空气给抽尽之后，再仔细观察灯泡会发现，灯泡上有个小凸起，空气被抽完之后，只需要用高温灼烧管子，管子就会很容易折断，这样灯上就留下了管子的一头，并把管子封起来了。通过该方法的应用，爱迪生发明的电灯的使用寿命达到了800小时，换句话说，他的电灯可以不间断地工作800小时而不会坏掉。"哥伦比亚"号轮船是最早应用这个伟大发明的商家，紧接着第一批1800只的电灯就被运送到了欧洲。

▲ 爱迪生电灯草图

▲ 爱迪生的电灯

由煤气和电而引发的 战争

当电灯问世之后，很多人认为它为煤气敲起了丧钟，而煤油更是理所应当地被淘汰出局了。相比于煤气，电灯的优势是相当明显的，首先是它不会因为产生黑烟而使空气被污染。其次，它的亮度是煤气灯的好几倍。还有就是电线在一般情况下没有着火的危险。然而，最重要的是煤气的价格太高了，它要比同等情况所需要的电贵两三倍。

出于这个原因，很多煤油和煤气商人的生意受到了很大冲击。他们不得不去寻找生存下去的方法，以便能像以前一样挣到很多钱。他们从电灯的工作原理中受到了启发。因为电灯之所以能够发出耀眼的光芒，最重要的一点是灯丝达到了很高的温度。于是乎煤气和煤油生产厂商就想出一个奇妙的办法：用一种在温度极高的条件下才可以溶化的特殊材质做成的网把火焰罩住。当网被加热到很高的温度时，就会发出很明亮的光芒。

这个独特的想法是威尔斯巴赫1898年提出的，所以这种特殊材质的网就被称作"威尔斯巴赫纱罩"。在之后的几年中，煤气灯获得了大胜，煤气灯的价格也大大降低了。究其原因，是由于煤气灯的亮度大大提高了，人们在煤气方面的支出也就降低了。

▲ 威尔斯巴赫

不过，电灯的拥护者也没有轻言放弃，他们也在不懈地探求更加廉价的材质去降低电灯成本的同时，让电灯变得更加明亮。想要让电灯更加明亮，似乎办法是唯一的，那就是让炭丝拥有更高的温度。但是马上他们就遇到了难题：炭丝的耐热程度是有限的，如果温度太高，它就会气化变成蒸汽，这对研究者来说是一个非常不幸的消息。

科学家又另外开辟新的途径了。他们把目光聚集到了煤气的大进步上。我们刚才知道说过，"威尔斯巴赫纱罩"是应用了一种熔点相对很高的材质。这种材质可以经受很高的温度而不熔化。那灯丝可不可以也用一种物理性质跟煤气纱罩差不多的材质呢？首先，人们马上想起来了锇这种金属，它是一种很不容易熔化的金属，熔点很高，但是它也有一个致命的缺点：那就是很不稳定，于是人们放弃了它。后来人们相继实验了很多金属，最后终于找到了如意的材料：钨。钨的熔点可达3390℃，基本上是已知的所有金属当中熔点最高的了。再经过科学家不断地改进，电灯就这样走进了我们的生活。

可以说，新的电灯从它的死敌——旧式煤气灯那里得到了很大的启发和灵感。炭丝做成的电灯从煤气灯之中吸取了高温的炭的经验；新式的煤气灯则是把炭改进成了"威尔斯巴赫纱罩";结果电灯也从中得到了启发,从而发明了现在这种更加明亮和廉价的电灯,价格可以说是推动灯的进步的最大动力。老式的煤气灯可以说是最贵的了,但是接下来发明的圆头灯价格又下降了很多。到了煤油灯的时候,价格几乎下降了一半,当然最经济的还是接下来粉墨登场的电灯还有白热煤油灯。

现在大家可能要问:到底是煤气灯好还是电灯好?现在煤气灯的价格已经很便宜了,也变得很明亮。由于科技的进步,不但使现代的煤气灯发生了变化,连电灯也进行了很大的创新。我们不再需要在梯子的帮助下伸到房顶才能把火点着,而是只需要用电打火来控制就行了。这样一来煤气和电还真的不分家了。另一方面,煤气的应用也越来越广泛了,我们可以到厨房看一看,煤气灶,热水器还有很多的厨卫都用上了煤气。当然了,现在用电器也越来越普及了。电视机,电冰箱都进到了每个家庭。

显而易见的是,电的应用有着巨大的优势,输送煤气的管道一般都埋在地下,时间久了就容易发生泄漏事故。由于煤气是有毒的,每年都有因为煤气中毒而死亡的案件发生。更大的危险是当煤气在狭小的空间里面越积越多并且跟空气接触,而有明火引爆时,它的威力是惊人的,就像一枚定时炸弹一样,可以把整栋楼给摧毁。但是相比较而言,电力就没有这方面的忧虑。

另外,还有一个我们一直都没注意的地方,就是煤油灯消耗空气的量是十分巨大的,基本上是成年人呼吸的8倍。众所周知我们人类每时每刻都在呼吸以维持身体机能代谢所需要的氧气。这样一来,如果我们很多人挤在一个比较封闭的空间里的话,过不了多长时间大家就会觉得很闷热,有种喘不上气的感觉,这就是因为屋子里的空气被大量消耗,而人呼出大量二氧化碳所带出的热量所致。

由于电在这方面消耗的空气量比较少,所以大家感觉就不会太明显。电力的另外一个明显优点就是它可以传递到很远的地方,远的甚至有几百甚至上千千米,有的电力公司可以跨几个省来输电。

用火点燃的"电灯"

早在电灯出现之前，一位名叫纳恩斯特的发明家就创造出了一种奇特的灯，之所以说奇特是因为它用氧化镁而不是金属丝。学过化学的人都知道氧化镁的一些性质，它在常温下是不会燃烧的，甚至可以在一些领域做保温材料。拿它来做灯丝确实是个不错的选择，但是有一个让人始料未及的致命缺点，那就是想要让氧化镁导电，就只能给它加热。

所以纳恩斯特发明的电灯就不得不面对这个尴尬的处境：在电灯工作之前还要去点火，这样的设计就会让使用电灯的人们感到十分麻烦，每到要用电灯的时候就不得不先去把它点着。由于这个致命缺点导致这种灯的应用一直不广泛，甚至很少有人知道这种灯。

差不多到了 20 世纪前几十年，更大功率的电灯相继问世了。其中有一位科学家研制出了一个 20 亿瓦特的电灯。如果将它像灯笼那样挂在 30000 千米的高空中，那么我们仰望它就感觉那是一轮明月挂在漆黑的夜空。如果它的距离跟我们离太阳那么远的话，我们也会觉得那是一颗闪烁发光的星星，而这盏灯的灯丝温度可达 7500℃，这种温度已经比太阳表面的温度还高出许多呢。

寻找不产生热的灯光

远古时代人们发现了火的用处，他们用火来做饭，照明，取暖，还可以用来驱赶野兽。但是火的应用却不是很方便。比如说火在用作照明的时候就会产生多余的热量，这在古代没有空调的年代里是一件很难让人忍受的了的

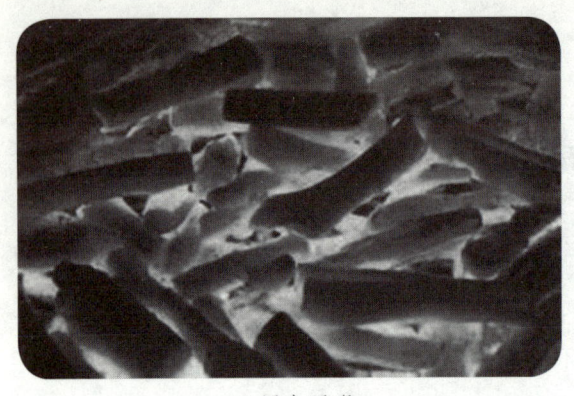
▲ 用火照明

事情。因为谁也不想在蒸笼一样的房间里再放上一把火。

我们就想到怎么才能把光和热分开，当我们仅需要光的时候就让它不产生热，而我们仅需要热的时候就让它不发光，如果我们想要两者都兼得的时候它也完全可以适应，那该多好啊！于是人们在这方面进行了艰苦卓绝的研究和实践。人们先后尝试了很多种的材料，但是效果都很不理想。比如说木片放出的热量太高，而蜡烛的亮度又不是太好。

在那时，人们还没有办法将光和热完全分离出来，这是为什么呢？原因其实很简单，不管用什么样的材质，要想发光，就首先得把它加热了，并且在它发光的同时也在不断地向外辐射着红外线，这种射线会散发出我们看不到的热量。

现在看来，如果想将它们分隔开来，我们就得重新去发现一种新的发光方式，并且这种方式可以不需要加热就可以使物体发出光芒。于是现实中的各种会发光的生物体给了我们万千的灵感，萤火虫、会发光的鱼类等等。

▲ 萤火虫

▲ 发光鱼

我们不禁会感到有些疑惑，我们真的需要把光和热完全分割吗？其实现在我们使用的电灯发出来的热是很少的，少到我们基本上都觉察不到。但是在大功率的用电器或者照明灯面前，我们会感到像"太阳"照在身上一样，这时候放出的热量就需要我们去减少了。

另外，这部分热是很浪费能源的，这使得我们花了很多钱却生产出了很多没用或者有害的东西，如果我们能把这部分资源节约起来，我们将减少很多不必要的支出，也能够节约地球的能源。

照明费用很大，这不仅是因为电灯的结构不够完善，发电站建设得不够好也是主要的原因，在蒸汽机、发电机以及电线中很多的热量都被损耗，燃料中只有1/5的热量转化为电能运用到电灯上面。而且这些电能也只有1%的能量转化为光能，结果也就是，我们需要500块钱去买燃料，然后只有一块钱用来发出了光，其余的都浪费了。

世界上最好的灯

世界上有一种只能发光但是不发热的灯，这种灯就是世界上最好的灯，我想，大家一定在夏夜的草丛中见到过它。它就是萤火虫，如果我说，萤火虫不仅能好过我们的电灯，还能超过太阳，也许你根本不会相信。太阳发出的热光是它的亮光的5倍，而萤火虫发出的光是冷光，如果萤火虫发出热光，那它本身就会被烧焦。萤火虫发出的光还有一点要比太阳光好，那就是它感觉起来比较温和舒适。

太阳光和电灯的光我们看起来都是白光，

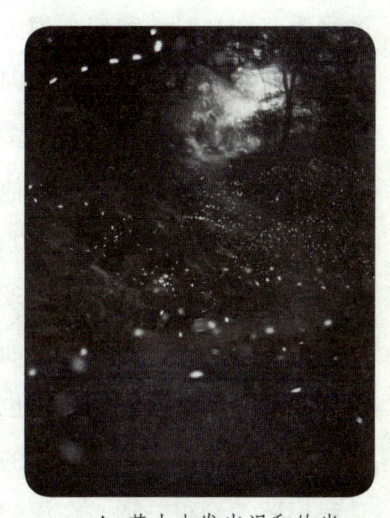

▲ 萤火虫发出温和的光

▲ 彩虹

其实不然，它是由七种颜色的光组成的，这七种光是：赤、橙、黄、绿、青、蓝、紫七种颜色。我们可以用一块棱镜来观察，阳光照射到棱镜上，由于各种光波长不同会在棱镜中分散，然后照到墙壁上，就会有七种颜色出现。自然界中的彩虹就是这样出现的。

并不是所有的光都会让人感到舒适，也并不是所有的光都不会损伤我们的视力。红光对于我们来说太暗了，因此在红光下工作是不舒服的，我们的眼睛对绿色的光比较敏感，因此很多人都用一个绿色的灯罩。当我们给东西加热的时候，我们会看到很多红光，当我们给拨火棍加热的时候，它首先也是变成红色，然后再呈现其他的颜色，到最后才成为白色。温度越高，暗淡的红色占的比例也就越少，其他颜色光的比例就越多。

经济型电灯的光要比炭丝的灯光更加明亮，因为金属丝承受的热度更高，相同的道理，炭丝灯要比煤油灯更亮。经济型的灯也是会发出很多的红光，因此我们在电灯下工作久了也会伤眼睛。不想要热光和红光就必须尽可能消除白热化。萤火虫就是这样的，没有白热化，因此也不会发出红光，因此它让我们感觉到很舒适。在深海里有一些鱼类也可以发出冷光，未来的发明家

▲ 荧光棒

应该会从这些生物的光中学到点什么。因为如果我们能够研究出生物发光的秘密，我们的灯也就会变得更加物美价廉。

事实上，科学家已经发现了这种发光的物质。早在20世纪初的时候，化学家就成功从萤火虫体内提取出来了那种发光的物质，那是由两种物质组成的：荧光素和荧光素酶。这两种物质混合到一起的时候就会发光。现在，我们就是期待着科学家们能够大量地制取出这两种物质，这样，我们就可以让萤火虫的光亮来照亮我们的房间了。

从火堆到电灯

电灯已经照亮了漆黑的夜晚，但是电灯的出现不是一个人的努力，它是由许多来自不同国家的、有着共同的梦想的人经过历史的沉淀后一起创造出来的。

从改变灯的燃料开始，到结构的改变，获取光的方法都是要经过一个又一个的实验，一项科学发明是从上一个发明中获取经验的。但是所有的这些发明都是为了同一个目标，这个共同的目标就是使灯变得更加明亮、便宜。

这一项工作开始得很早，科学家认为，人类学会取火是在2.5万年以前。在几千年以前，人们开始尝试用火来代替太阳，即是寻找人工获取热量、光的方法。人们学会保存火种要比这种方法更早一些，在夏天森林着火之后，人们就会到森林里拾一些还在燃烧的木柴，然后带到山洞里去，就让这种火苗在山洞中延续着。获得光的方法也就是燃烧，但是如何把这些光变得更加亮呢？

因此，人类就开始寻找易燃的材料，带树脂的照明木片就是很好的材料，当人们抛弃了那些树木，树脂就会被保存利用，当人类点上第一盏树脂灯的时候，觉得还不是很好，后来有了油脂灯，最后又用了植物油。但是归根到底，这些植物油总是那么不尽如人意。但是好的材料又没有被发现，因此，人们开始着手改善灯的结构，这可以使灯燃烧得好一些。因此，好多的灯就被发明了，有带汞的，有的带着钟表机械装置，还有一些结构更加复杂。

虽然改善了灯的结构，但是到最后只会越改越复杂，没能让人们满意，油灯依然会冒着黑烟，燃烧两个小时就会灭了。人类在找寻燃料的道路上费尽心思，最后终于找到了煤气、硬脂、煤油等等烧得比煤油要好的燃料。燃料好了，灯的结构也就不必太精密了，这样，灯中的那些无关紧要的东西就会被淘汰了。

虽然燃烧的材料被人类发现了，但是人类对此也并不是很满意，因为煤油、煤气燃烧也有很多缺点，比如有黑烟会污染空气、易引发火灾等等。造成这些原因的结果只有一个，那就是这些光都是需要点火的，所以灯以后的研发方向就是发明没有火焰的灯。火焰是为了使灯芯达到白热化、发出光，要达到这个目的，火焰不是唯一的办法，我们还可以通过电流获得光。

但是这一切的开始，我们都必须找到适合白热化的导电材料。刚开始人们想到了炭，但是炭无法被加热到白热化。为了找到合适的材料，科学家又尝试了各种材料比如说：锇、钽、钨等等。很明显，灯还有很大的改进空间。目前的任务就是将电转化为光，减少能源的浪费，即是减少热的产生，这样一来就需要放弃高温强热使其白热化了，因此加热灯丝是不可能了，这就需要我们把需要加热的灯转为不需要加热的灯。

这样的灯在好多年前就有了。这种灯就是一些充满稀有气体的玻璃管，当我们给它充上电时它就会发出比较柔和的光，这种灯没有灯丝结构，它发出的光不是白热化的灯丝放出的光，而是气体的光，不同气体发出的光有不同的颜色，氮气的光是金色的，氢气的光是玫瑰色的，二氧化碳的光是白色的，氩气的光是浅紫色的，氖气的光是红色的。这几种气体灯可以用来做不同颜色的广告招牌，装饰品等。夜晚来临，这些灯就会为漆黑的夜色点缀不同的颜色。

当然这些灯不只是用来装饰城市，它还可以用来当作信号灯，为飞机轮船导航指向，指引火车、汽车的运行，氖气管发出的红光

▲ 交通信号灯

具有极强的穿透力。因此，在某些地方，这些灯的使用就是比普通灯好用。但是它们是不是比较经济呢？刚开始，这些灯造得不是很好，会消耗大量的能源，但是后来经过科学家们的共同努力，这些灯改进了很多，消耗的能量也降低了很多。

▲ 霓虹灯

在随后，钠还被运用到了电灯中去，于是钠气灯就问世了，钠灯发出柠檬黄的色彩，钠灯和普通的灯看起来没什么两样，但是我们一看就知道，钠灯没有灯丝。一个500瓦的钠灯的耗电量还比不上一盏100瓦的普通电灯耗电多。现在含有发光气体的霓虹灯已经成为了普通电灯的有力对手，霓虹灯普遍被用于各种商店、酒店、电影院等场所。大约在20世纪初的时候，英国的克拉顿机场就首先在飞机的跑道边的沟槽中安装了霓虹灯灯管，灯管上镶上钢化玻璃，每当飞机在夜晚降落的时候，就会格外美丽。

现在，世界早就对黑暗阴冷的夜晚挥手告别了，我们也不再只靠太阳光生活了，现在，灯就像一个新的太阳，靠着电能，为人们播撒光芒。

产热很小的荧光灯

荧光灯是由传统型荧光灯与无极荧光灯组成的。传统型荧光灯的发光原理是利用低气压的汞蒸气在放电过程中辐射紫外线，所以它属于低气压弧光放电光源。

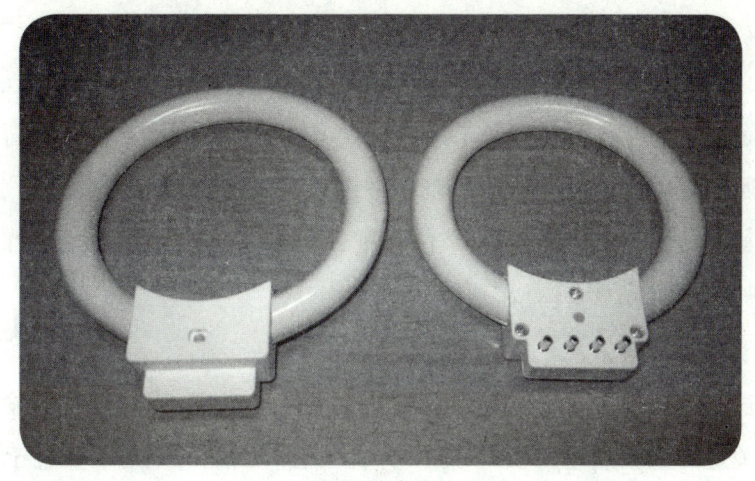
▲ 环形荧光灯

荧光粉对荧光灯的质量起关键作用，这从荧光灯的发光机制可以得见。

荧光灯在大多采用卤磷酸钙，通俗的叫法为卤粉。可是，卤粉其实并不适用于细管径紧凑型的荧光灯中。

于是，在荷兰飞利蒲首先研制成功了将能够发出人眼敏感的红、绿、蓝三色光的荧光粉氧化钇、多铝酸镁、多铝酸镁钡按一定比例混合成三基色荧光粉，用它作荧光灯的原料。因为它的发光效率高，色温为2500K~6500K，显色指数在85左右，大大节省了能源，高效节能的荧光灯由此而来。稀土元素三基色荧光粉的开发与应用是荧光灯发展史上的一个极为重要的里程碑。虽然稀土元素三基色荧光粉优点很多，但缺点也不少，最大的缺点就是它的制造成本太贵。

如何才能解决这个令人头疼的问题呢？主要有以下几种方法：

1. 不管在任何情况下，都采用细管径灯管。因为它有明显的节能环保效果。

2. 采用三基色荧光灯，在任何情况下，都不应再选用卤粉荧光灯。因为三基色灯管具有光效高、显色好、寿命更长的优势。价格虽然高但寿命非常长，耗能又少，总体来说反而比较便宜划算。

3. 采用大功率灯管：在功能照明场所，应选择不小于1200mm长的灯管，即T8型36W、T5型28W，其光效更高更强。

4. 在一般情况下，可采用中色温灯管：对于光源的色表（用相关色温表示）选择，除了建筑色彩的特殊要求外，一般可根据照度高低来确定：简单地说，就是高照度宜用冷色温，中等照度用中色温，低照度用暖色温。

想必自己的家中都会安装节能灯吧，可是，有谁知道要如何对节能灯进行保养呢？

其实需要注意4点：

1. 过于频繁地开关灯会导致灯管的两端过早变黑，影响灯管的输出功率，所以在关灯后重新启动灯要等5~15分钟为宜。因此，绝对不要过于频繁地开关灯。

2. 高压开灯的情况要比低压开灯更好。

3. 为了保证灯管启动到适合的功率，必须与相应的变压器、电容器等配合使用，因为荧光灯的线路较多，必须要辅助器件。

4. 在一个良好的通风环境里为宜。

除此之外，还要对荧光灯的清洁特别上心。

荧光灯发热容易吸引灰尘，准备清洁时要注意：

1. 要关闭电源。

2. 要尽量让室内空气流通。

3. 用拧干了的抹布沾上一点清洁剂轻轻地擦拭灯管。

4. 再使用干净的干布把清洁剂擦干净。之后，是清洗荧光灯的送风机扇叶，可以取出来蘸水洗，然后用干布擦去上面的水，让送风机扇叶变干燥，再安装回去。最后，安装荧光灯的时候一定要用纸巾清洁好双手，千万不要在灯管上留下痕迹。

至于平时的养护，其实可以用酒精擦拭灯管的表面来保持清洁。

五颜六色的霓虹灯

作为装饰所用的霓虹灯，可不是作为照明灯来使用的。它最主要的效果就是装饰城市的夜景了。

法国的科学家发明了第一盏霓虹灯。他们用氖气充填到灯泡里，氖在电场的激发下，发射出红光。说起氖灯的红光，穿透力非常强，浓雾都可以穿透，所以，机场、码头以及水路交通线的灯标就必用氖灯。

霓虹灯自1910年问世以来，可谓是经久不衰。它不同于其他诸如荧光灯、高压钠灯、金属卤化物灯、水银灯、白炽灯等弧光灯。霓虹灯是一种特殊的低气压冷阴极辉光放电发光的电光源，它是靠充入玻璃管内的低压惰性气体，在高压电场下冷阴极

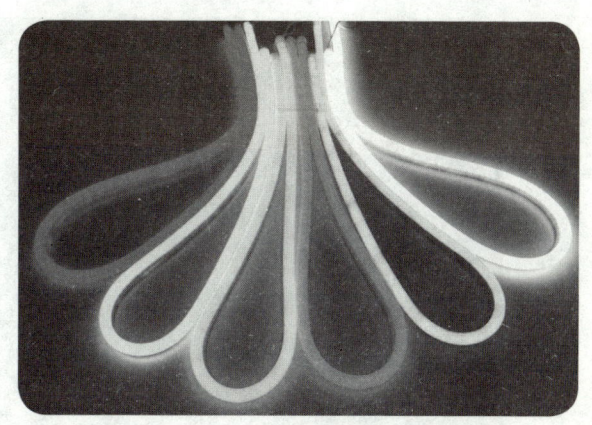
▲ 软体霓虹灯

辉光放电而发光。霓虹灯的光色是由充入惰性气体的光谱特性决定的。举例来说，光管型霓虹灯充入氖气，霓虹灯发红色光；荧光型霓虹灯充入氩气及汞，霓虹灯发蓝色、黄色等光，这两大类霓虹灯都是靠灯管内的工作气体原子受激辐射发光。

霓虹灯不同于普通光源必须把钨丝烧到高温才能发光，它是依靠灯光两端电极头在高压电场下将灯管内的惰性气体击燃，所以它的电能消耗非常少。

工作时灯管温度在60℃以下的霓虹灯，因其冷阴极特性，发出的光还有很强的穿透性。所以适用的范围更为广泛。

霓虹灯的另一大特点是在连续工作不断电的情况下，寿命是现在知道的寿命中最长的灯。

霓虹灯具有极大的灵活性，因为它是由玻璃管制成，经过烧制，玻璃管能弯曲成任意形状，通过选择不同类型的管子并充入不同的惰性气体，霓虹灯能得到五彩缤纷、多种颜色的光。

霓虹灯的画面是由常亮的灯管及动态发光的扫描管组成的，所以可以设置为跳动式扫描、渐变式扫描、混色变色七种颜色扫描。扫描管由装有微电脑芯片编程的扫描机控制，扫描管按编好的程序亮或灭，组成一幅幅流动的画面，好似天上彩虹、人间银河……

▲ 霓虹灯装饰

可以说，霓虹灯能组成一个梦幻的世界，它引人入胜，更使人难以忘怀。所以，霓虹灯是一种投入较少、效果却强烈、异常实用的广告形式。

霓虹灯的亮、美、动等特点，是目前任何电光源所不能替代的，在各类新型光源不断涌现和竞争中独领风骚。

马路的指示灯是怎么来的

对十字路口的交通信号灯,我们大家都不会陌生吧!想必连小孩子都知道红灯停、绿灯行、黄灯亮了等一等。那么,信号灯是怎样产生的呢?

英国中部的约克城,在19世纪初,女性的不同身份,用红绿两种颜色的服装代表。未婚女性穿绿颜色的服装,已婚女性穿红颜色的服装。那个时代,英国伦敦议会大厦前,总是发生车辆撞人的悲惨事故,交通三天两头堵塞,有的时候一堵就是一两个小时,市民对此意见非常大。英国政府为了降低交通事故的发生,就在那里派遣了警察驻守,但是因为人流量实在太大了,警察根本起不到什么作用。

受到当时女性红绿服装的启发,一位名叫德尔·哈特的机械师,在经历过三个月的刻苦研究之后,最终设计并制造出了信号灯家族的第一名成员!这种信号灯的灯柱高7米,身上挂着一盏红、绿两色的煤气提灯,在灯的脚下,一名手持长杆的警察随心所欲地牵动皮带转换提灯的颜色,行人与车辆就按照"绿灯行、红灯停"的规定有序行走。这种灯于1868年12月10日安装在伦敦议会大厦的广场上,它成为城市街道的第一盏信号灯。

▲ 交通信号灯

这种信号灯的出现，极大地缓解了议会大厦前的交通拥堵现象，不管是行人，还是车辆，都能按章行驶，市民们对此异常欢喜，而某些媒体也对此大加赞扬。不过，令人遗憾的是，第一盏信号灯只维持了23天，就自动爆炸了，爆炸的可怕影响，是信号灯曾一度被取消。

不过，在1914年，美国的克利夫兰市当局为了解决交通拥堵问题，特别向大众公开召集意见，这个时候的科学家们，在分析了40多年前出现的信号灯爆炸的原因之后，研制出了"电气信号灯"。这种信号灯的优点一目了然，它被安装在市区的主要交通路口。它刚一出现就得到了全社会的普遍认可，这种信号灯以雨后春笋之势出现在了纽约与芝加哥等城市。

随着各种交通工具的发展，尤其是随着机动车的日益增多，人们发现，红、绿两色的信号灯在颜色转变时依旧会发生交通事故。就是在那个年代，准确地说是1918年，怀着"科学救国"的抱负到美国深造的中国人胡汝鼎，正在大发明家爱迪生为董事长的美国通用电器公司上班。有一天，他正好站在繁华的十字路口等待绿灯信号，可当他看到红灯而正要过去时，一辆转弯的汽车呼地一声与他擦身而过，这可着实吓了他一身的冷汗。他回到宿舍后就反复地琢磨了起来，终于想到在红、绿灯中间再加上一个黄色信号灯，这样就可以提醒人们注意通行时的危险了。他的建议立即得到了有关方面的肯定，并很快研制出了样品，样品被安装在纽约市五号街的一座高塔上，效果非常显著。

回忆曾经，那些最早的煤气式的红绿灯，再到后来的由电气控制的信号灯。从手拉皮带到计算机来进行控制，而现在竟然变成了电子监控。信号灯在不断地跟随着科学的脚步变化着，完善着，发展着，遍布了世界的各个角落。

未来的灯会是什么样子的

随着科技的发展,灯具不仅仅作为照明工具来使用了,还可以营建居室环境气氛的重要构成部分。居室照明离不开灯具,它既是照亮居室的用具,又是居室的一个点缀,是照明技能与装饰艺术的结合体。合理地利用灯具,可以使居室的环境和谐,使人们体验到艺术的美感,根据人们的需求,使室内空间愈加符合大家的心理和身体的需要并增添审美情趣。

我们应该听说过 LED 灯吧,LED 灯直流驱动,没有频闪;光线中没有红外线和紫外线,没有辐射,发光效率高;调光性能好;冷光源发热量低;这些都是传统的白炽灯和光管达不到的。LED 灯不仅提供足够的照明空间,还可以适合人的心理健康需要,对人的视力也有保护作用。

LED 照明是一种新式的照明产物,其运用远景全世

▲ LED 灯

界重视,其中,高亮度大功率白光 LED 更被称为"最有价值的光源"。

照明的工具里面最重要的就是光,作为新出现的 LED 新能源灯在灯具的历史上是一个新的突破。它让我们从传统的点、线光源概念中解放出来,使灯具描绘的概念得到发挥,甚至重新建立,灯具在视觉、感觉与外观的构思

上表现出了更大的弹性空间。同时它给了科学家们一个新的思路。

根据相关研究证明，LED 是冷光源，半导体照明对人对环境都没有害处，同原来传统的灯具相比较，节电效能要减少到 70%。在相同亮度下，耗电量仅为白炽灯的 1/10，荧光灯管的 1/2。

我们可以根据生产的实际需要，来通过对 LED 灯的外形、数量和功率来进行选择，通过不同的组合可以达到我们需要的效果。我们也不要仅将若干个 LED 发光管组合描绘成点光源、环形光源或面光源的"二次光源"，凭这个来对灯具进行描绘，这是不正确的方法。原因在于单只 LED 功率较小，照明度较低，独立运用达不到照明亮度的需要，需要我们根据需要将多个的 LED 拼装在一起描绘成为有用的 LED 照明灯具则有非常远大的运用远景。这也是我们需要在未来所努力的方向。

▲ LED 灯泡